그림으로
배우는

초등
수학
개념

그림으로 배우는
초등 수학 개념

초판 1쇄 인쇄 2022년 1월 19일
초판 1쇄 발행 2022년 1월 26일

지은이 정가영

발행인 장상진
발행처 (주)경향비피
등록번호 제2012-000228호
등록일자 2012년 7월 2일

주소 서울시 영등포구 양평동 2가 37-1번지 동아프라임밸리 507-508호
전화 1644-5613 | **팩스** 02) 304-5613

ⓒ정가영

ISBN 978-89-6952-492-8 73410

· 값은 표지에 있습니다.
· 파본은 구입하신 서점에서 바꿔드립니다.

어린이 제품 안전 특별법에 의한 표시
제품명 도서 **제조자명** 경향BP **제조국** 대한민국 **전화번호** 1644-5613
주소 서울시 영등포구 양평동 2가 37-1번지 동아프라임밸리 507-508호
제조년월일 2022년 1월 26일 **사용연령** 8세 이상
※ KC마크는 이 제품이 공통안전기준에 적합하였음을 의미합니다.

그림으로 배우는

정가영 지음

초등 수학 개념

초1~2학년

50가지 개념

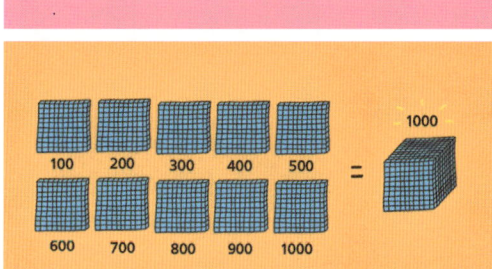
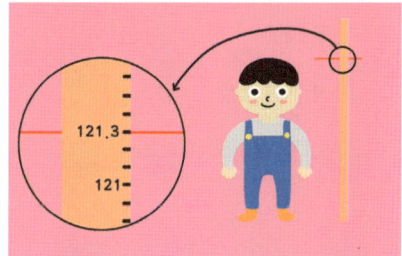

경향BP

머리말

몇 년 전 2학년 담임을 할 때의 일이에요.
종인이는 매우 조용한 성격의 어린이였는데 어느 날 아침, 낯설 정도로 밝게 웃으며 이렇게 말했어요.

"선생님, 오늘은 행운의 날이에요."

이 어린이에게 행운이란 어떤 것일까 생각하고 있는데 곧장 말을 이어 가더군요.

"오늘은 수학이 없거든요. 월화수목금 매일 수학이 꼭 하나는 있었는데 오늘은 없어요. 주간 학습 안내 받을 때부터 오늘만 기다렸어요!"

그 얘기를 듣고 나서 좀 더 관심 있게 종인이를 살펴보니 수학에 대한 스트레스가 이만저만이 아닌 것 같았어요.
수학 시간에는 매번 표정이 좋지 않고, 풀리지 않는 덧셈과 뺄셈 문제가 나오면 혼자서 해결하려다 눈물을 꾹꾹 참아 내기도 했어요.
어쩌면 이것은 종인이의 이야기만은 아닐 거예요. 많은 초등학생이 수학에 스트레스를 받고 있는 것이 사실이기 때문이죠.

원래 초등 수학은 생활 속 이야기를 통해 수학이 왜 필요한지 느껴 보고 문제를 해결하며 수학의 즐거움을 느낄 수 있도록 구성되어 있어요.
하지만 생각보다 많은 어린이가 수학을 싫어하고 어려워하며, '풀어내야만 하는 복잡한 문제' 정도로 생각하고 있는 것 같아요.
그래서 선생님은 어린이들이 더 이상 수학을 어려워하지 않게 이 책에서 그림으로 수학 개념을 쉽게 익힐 수 있도록 했어요.
책장을 한 장만 넘겨 봐도 결코 어려운 내용을 담고 있지 않다는 사실을 금세 알아차릴 수 있을 거예요.

책 제목에 있는 '수학 개념'이라는 말이 괜히 어려운 느낌을 주지만 이 책에서는 절대로 어렵고 복잡한 수학 계산을 이야기하지 않아요.
여러 해 교실에서 어린이들과 함께 공부한 내용을 떠올리며 책을 만들었기 때문에 그림과 함께 수학 개념을 쉽게 익힐 수 있을 거예요.
재미있게 풀어 쓴 수학 개념 이야기가 앞으로 수학을 공부할 여러분에게 많은 도움이 되면 좋겠어요.

자, 그럼 수학에 호기심이 가득한 주인공 수호와, 다양한 수학 친구가 알려 주는 쉽고 재미난 수학 이야기 속으로 함께 떠나 볼까요?

차례

머리말 4

수 읽기 8
순서수 12
홀수와 짝수 16
수 세기 20
수모형 24
100(백) 28
1000(천) 32
자릿수 36
뛰어 세기 40
부등호 44
모으기 48
가르기 52
10이 되는 수 56

덧셈 60
뺄셈 64
0이 있는 식 68
세 수의 셈 72
10 만들어 더하기 76
여러 가지 방법으로 셈하기 80
□의 값 구하기 84
세로셈 88
묶어 세기 92
곱셈식, 덧셈식 96
곱셈구구 100
1단 곱셈구구 104
0의 곱 106

길이 비고   108
무게 비고   112
넓이 비고   116
양 비고   120
cm(센티미터)   124
m(미터)   128
자로 길이 재기   132
삼각형, 사각형   136
칠고판   140
오각형, 육각형   144
원   148
몇 시   152
30분   156

몇 분   160
시각 표현하기   164
하루   168
달력   172
쌓기나무   176
규칙 찾기   180
덧셈표에서 규칙 찾기   184
곱셈표에서 규칙 찾기   188
분류하기 1   192
분류하기 2   196
표   200

수 읽기

수호야, 어제 이사했다며?

응, 우리 집은 멋진 두 층 집이야!

두 층집? 그건 어떤 집이야?

거실은 아래층, 내 방은 위층에 있는 집 말야.

이층집이라는 말이구나.   숫자 2를 가리키는 말이니까
　　　　　　　　　　　이 층, 두 층 다 맞는 것 아니야?

   평소에 "저는 2학년 사반입니다."라고 하지,
　　　　　　"저는 2학년 네 반입니다."라고 하지는 않잖아.

　　　　상황에 따라 수를 읽는 방법이
　　　　달라지는구나. 익숙해져야겠는걸?

나비 열 마리

수호는 아홉 살

사물함 팔 번

건물 십육 층

하지만 10보다 큰 수를
읽는 방법은 아직도 헷갈려.

그럼 좀 더
연습해 보자.

●●●●●●●●●● ●	11	열하나	십일
●●●●●●●●●● ●●	12	열둘	십이
●●●●●●●●●● ●●●	13	열셋	십삼
●●●●●●●●●● ●●●●	14	열넷	십사
●●●●●●●●●● ●●●●●	15	열다섯	십오
●●●●●●●●●● ●●●●●●	16	열여섯	십육
●●●●●●●●●● ●●●●●●●	17	열일곱	십칠
●●●●●●●●●● ●●●●●●●●	18	열여덟	십팔
●●●●●●●●●● ●●●●●●●●●	19	열아홉	십구

큰 소리로 읽으며 수 세기 연습을 해 보세요.

순서수

나눠 줄 과자가 얼마 남지 않았는데
친구들이 너무 많이 줄을 서 있어.

과자가 벌써 다
떨어진 거야?

과자가 4개 남아 있으니까
앞에서 첫째, 둘째, 셋째, 넷째에
줄을 선 친구들에게는 나누어 줄 수 있어.

앞 | 첫째 둘째 셋째 넷째 다섯째 여섯째 일곱째 여덟째 | 뒤

뒤에서 넷째 친구들까지는
아무것도 줄 수 없는 거야?

그럼 너무
미안할 것 같은데….

앞에서 다섯째, 여섯째, 일곱째, 여덟째
친구들에게는 사탕을 나눠 주면 어때?

좋은 생각이야!

그럼 어서 사탕을 포장하자!

그런데 포장지가 어디에 있더라?

위

첫째		다섯째
둘째		넷째
셋째		셋째
넷째		둘째
다섯째		첫째

아래

아마도 포장지는 위에서 둘째 서랍에 있는 것 같아.

아래에서 넷째 서랍에 있었던 것 같은데….

어? 다시 보니 모두 맞았어!

무슨 말이야?

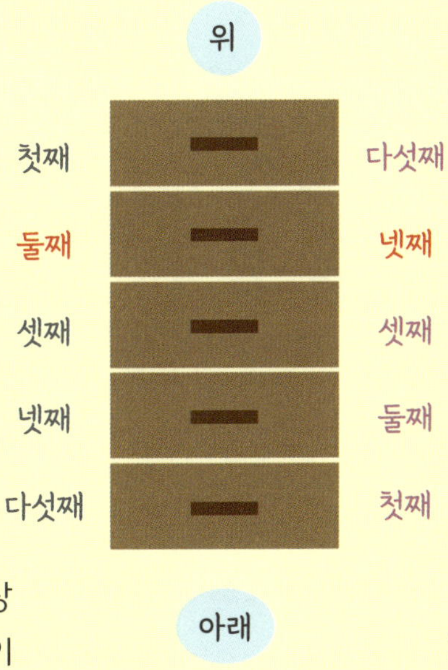

위

첫째		다섯째
둘째		넷째
셋째		셋째
넷째		둘째
다섯째		첫째

아래

위에서 둘째 서랍이랑 아래에서 셋째 서랍이 같은 곳이잖아!

정말 그렇네. 기준이 어디인지에 따라 표현이 달라지는구나!

순서를 말할 때는 '몇째'로 나타낼 수 있어요.

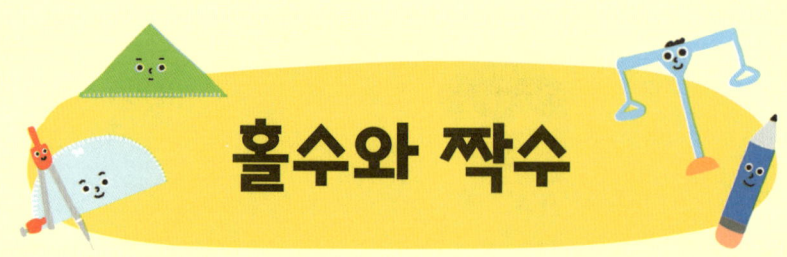

홀수와 짝수

수호야, 뭐해?

젓가락을 가지런히 정리하고 있었어.

그런데 젓가락 한 짝이 없어.
9개뿐이라서 짝이 안 맞아.

저기 바닥에 떨어진 것 아냐?

찾았다!

젓가락이 2-4-6-8-10개.
이제 남는 젓가락이 하나도 없다!

이렇게 둘씩 짝을 지을 수 있는 수를 **짝수**라고 해.

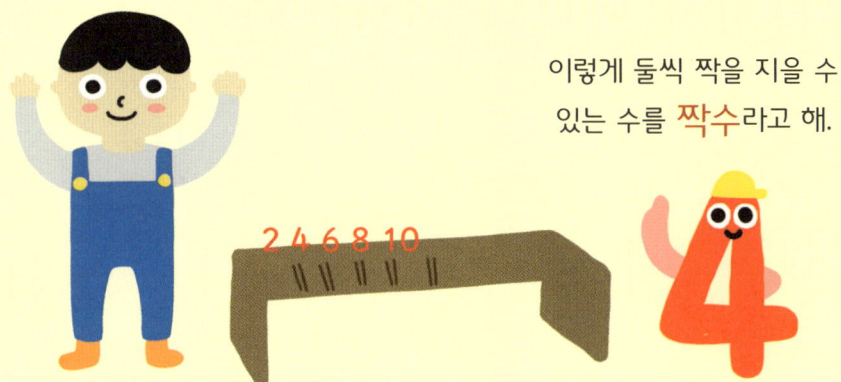

그럼 둘씩 짝을 지을 수 없는 수는 뭐라고 해?

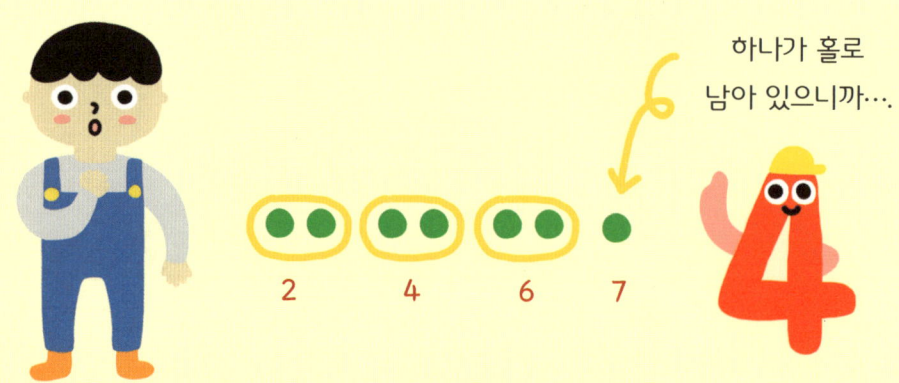

하나가 홀로 남아 있으니까….

하나 홀로… 홀수?!

홀수 정답!!!

와! 내가 신기한 걸 발견했어. 뭔데?

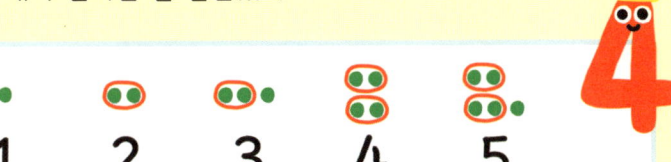

1	2	3	4	5
홀수	짝수	홀수	짝수	홀수
6	7	8	9	10
짝수	홀수	짝수	홀수	짝수

수 세기를 하면 짝수와 홀수가 번갈아 가며 나오잖아!

홀-짝-홀-짝 정말 그렇구나!!

둘씩 짝을 지을 수 있는 수는 짝수, 둘씩 짝을 지을 수 없는 수는 홀수라고 해요.

수 세기

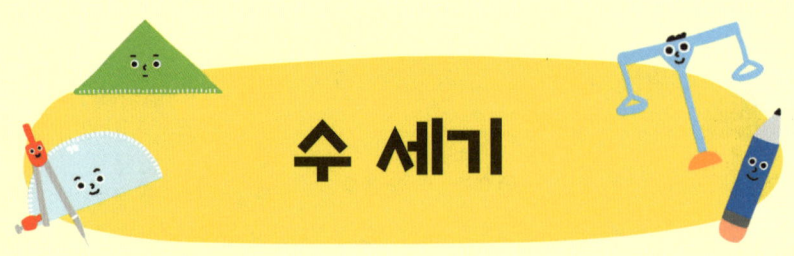

나 고민이 있어.

뭔데?

숫자 세는 것은 자신이 있는데
숫자 이름이 여러 개라서 헷갈려.

숫자 이름이
여러 개라고?

일, 이, 삼   하나, 둘, 셋

 어제 있었던 일이야.

엄마, 할머니 생신 선물로 꽃을 접을 거예요.

할머니 연세만큼 접으려고요.

좋은 생각이구나.

할머니 연세가 어떻게 되죠?

할머니 연세는 예순이야.

예순이라고요? 예순은 몇이죠?

육십이란다.

예순이 육십이라는 걸 알고 있었니?

나도 가끔 헷갈리던데…. 같이 알아볼까?

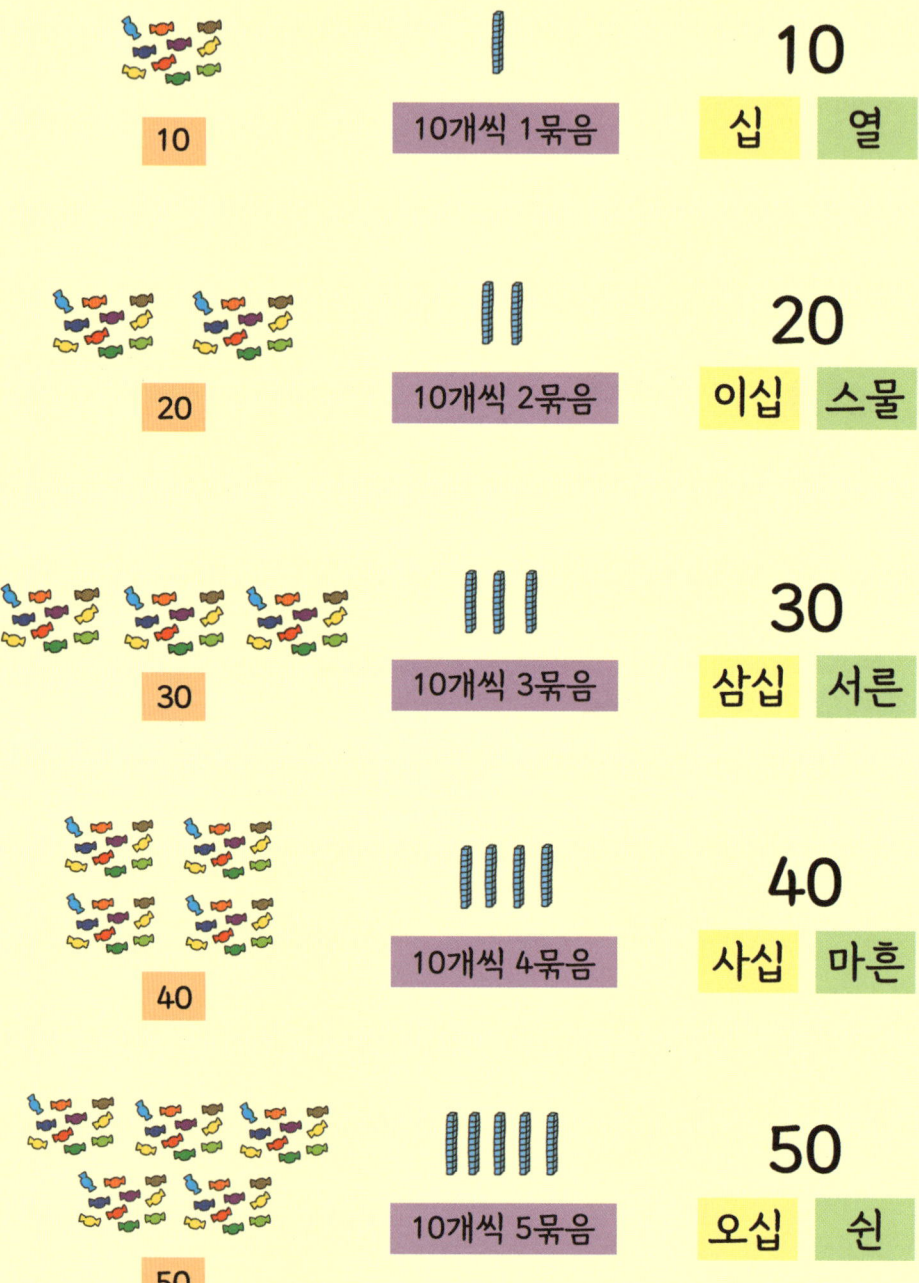

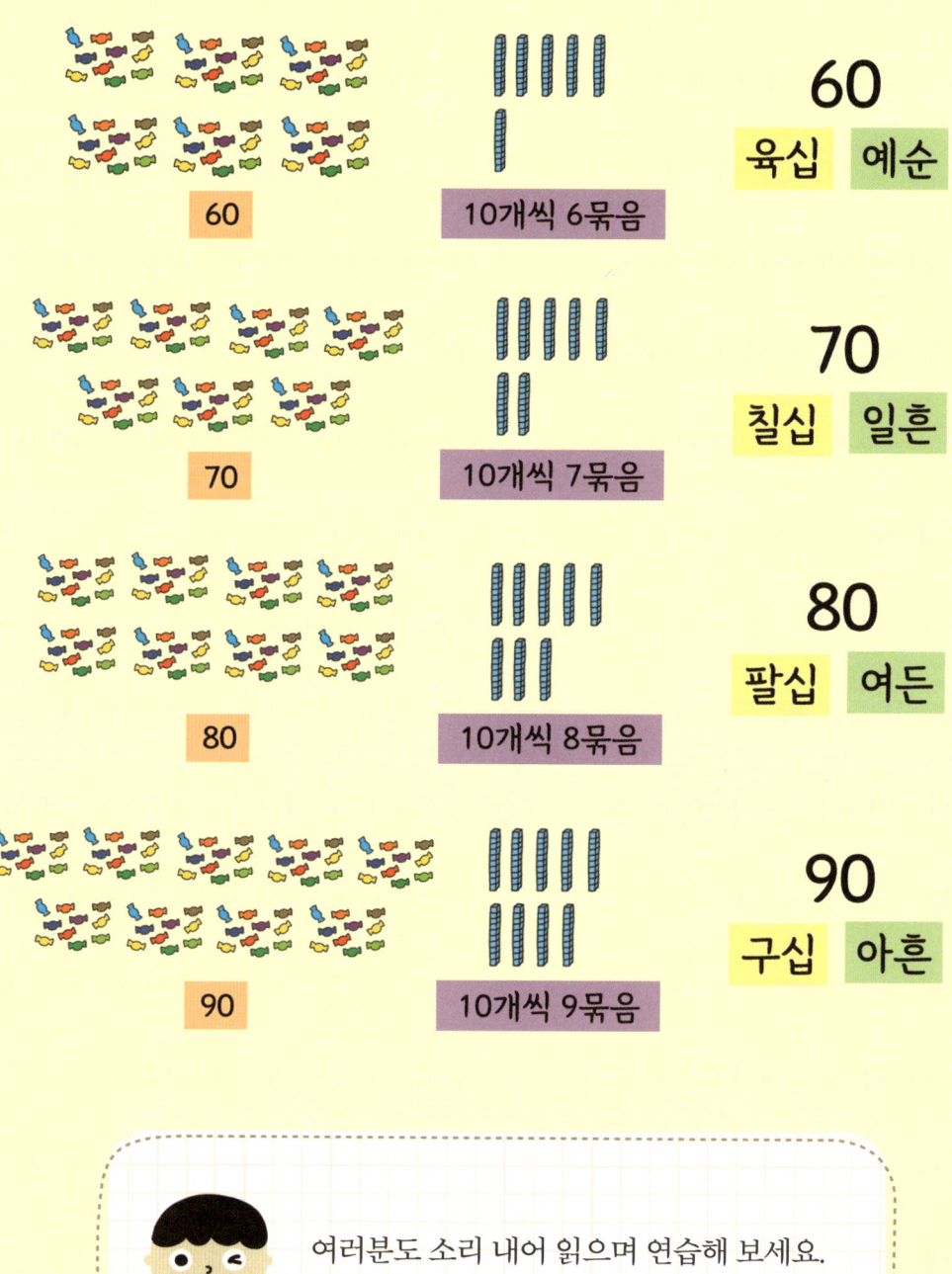

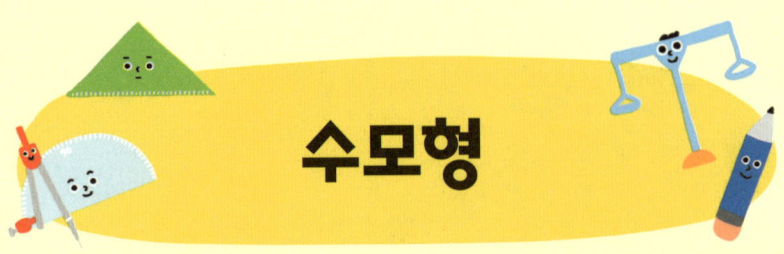

수모형

이게 다 뭐지?
장난감 블록인가?

이건 **수모형**이라고 해.
수에 대해 알아볼 때
만날 수 있을 거야.

작은 모형 하나는
낱개모형이라고 해.
하나를 뜻하고,

낱개모형이 한 줄로
모여 있는 것은
십모형이라고 하지.

십모형이면 10이니까
낱개모형 10개를 말하는 거겠네?

그렇지!

이건 십모형이 하나, 둘, 셋…
10개니까 백!
그럼 백모형인가?

맞아. **백모형**이라고 해.
십모형이 10개이기도 하고,
낱개모형이 100개이기도 해.

그럼 백모형보다 더 큰 수모형도 있어?

물론이지. 백모형을
10개 붙여 놓으면….

백모형이 10개라고?
백, 이백, 삼백…구백, 천!

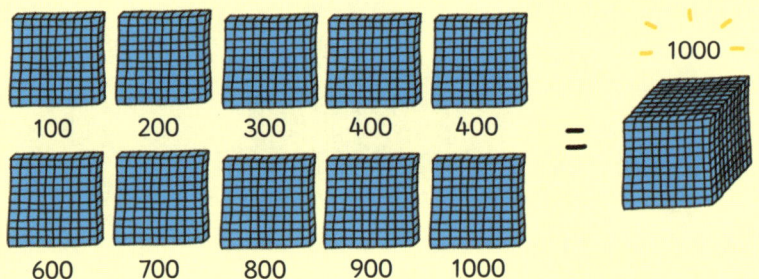

맞아. 그래서 이건 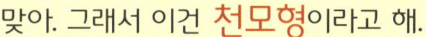천모형이라고 해.

천모형은 낱개모형이 1000개,
십모형이 100개, 백모형이 10개구나.

완벽해! 복잡해 보여도
천천히 생각하면 어렵지 않지?

여러 가지 수모형

낱개모형 　십모형　 　백모형　 　천모형
　　　　（낱개모형 10개）（십모형 10개）（백모형 10개）

100(백)

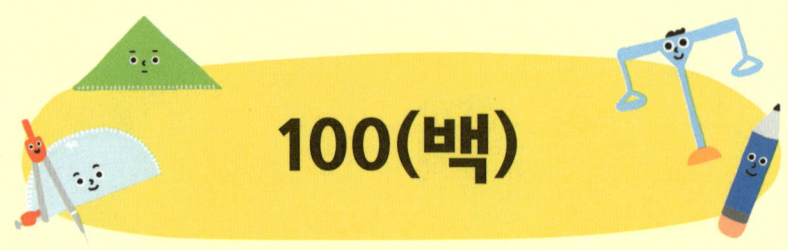

하나, 둘, 셋, 넷, 다섯…

수호야, 수 세기 연습하는구나!

숫자 100은 멋진 수인 것 같아.
'백'은 내 이름에도 들어가니까!

백수호 어린이

그럼 100에 대해 좀 더 알아볼까?

수호 네가 지금 하나씩 커지는
수 세기 연습을 했잖아.

맞아. 100은 99보다
1만큼 더 큰 수지.

그럼 1이 몇 개인
수가 100일까?

10	20	30	40	50	60	70	80	90	100
9	19	29	39	49	59	69	79	89	99
8	18	28	38	48	58	68	78	88	98
7	17	27	37	47	57	67	77	87	97
6	16	26	36	46	56	66	76	86	96
5	15	25	35	45	55	65	75	85	95
4	14	24	34	44	54	64	74	84	94
3	13	23	33	43	53	63	73	83	93
2	12	22	32	42	52	62	72	82	92
1	11	21	31	41	51	61	71	81	91

1개씩 세면 100번을 세어야 하니까
1이 100개 있어야 100이 되겠다.

또 다른 방법으로도
100을 나타낼 수 있을까?

물론이야. 10씩 세어 보면
10이 10인 수가 100이지.

80보다 20 큰 수는 100이고,
90보다 10 큰 수는 100이구나.

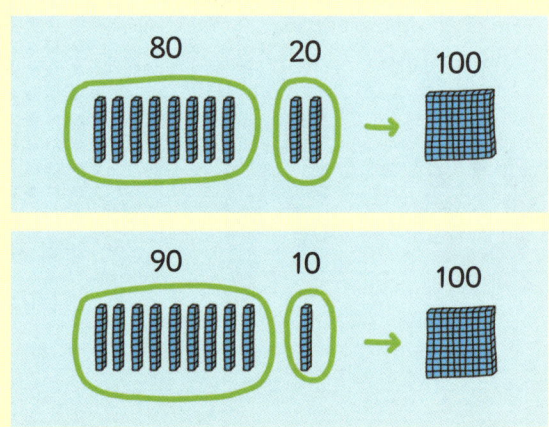

 이렇게 수직선에서도 100을 확인할 수 있지.

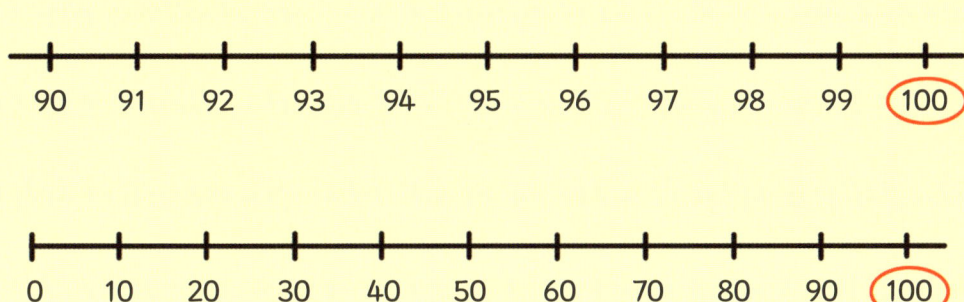

우리 주변에서 숫자 100을 찾아볼까?

내 주머니엔 100원이 있고, 우리 집엔 색종이 100장이 있어!

 100은 90보다 10 큰 수이고, 10이 10개인 수입니다. 100은 백이라고 읽어요.

1000(천)

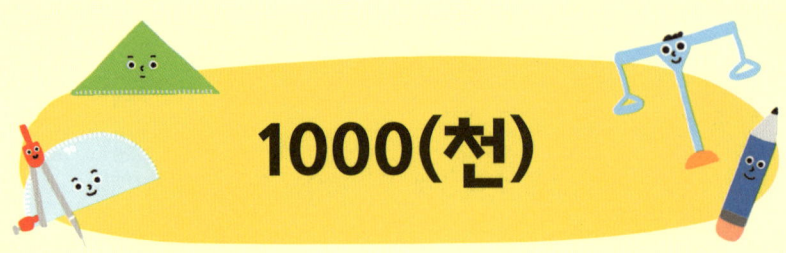

저금통이네?

내가 모은 거야. 동전이 얼마나 있는지 볼까?

백-이백-삼백-사백-오백-육백-칠백-팔백-구백-천!
이렇게 세어 보니 900 다음이 1000이구나.

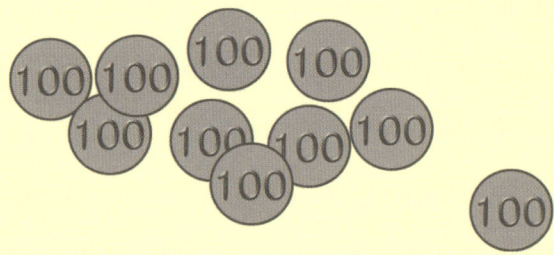

맞아. 100식 뛰어 세기를 하는 것과 같아.

그럼 이렇게도
할 수 있겠네.

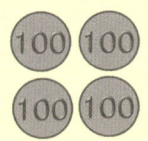 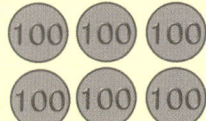

400보다 600 큰 수는 1000

 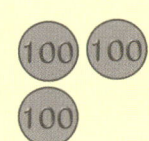

700보다 300 큰 수는 1000

이번엔 10씩 뛰어 세기로
1000을 나타내어 볼까?

10씩 뛰어 세기라면
십의 자릿수를 바꾸면 되겠지?

900 - 910 - 920 - 930 - 940 - 950 - 960 - 970 - 980 - 990 - 1000

990보다 10 더 큰 수는 1000입니다.

그럼 이번엔 내가 하나씩 세어 볼게.

일의 자릿수를 바꾸면 되겠네.

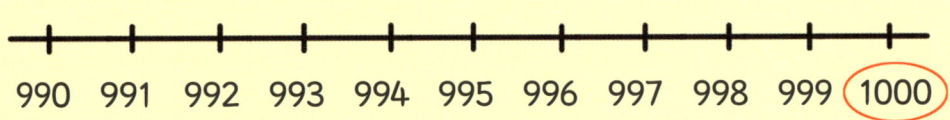

999보다 1 더 큰 수는 1000입니다.

1000을 나타낼 수 있는 방법은 정말 여러 가지가 있구나.

저금통에 있는 지폐도 마저 세어 볼까?

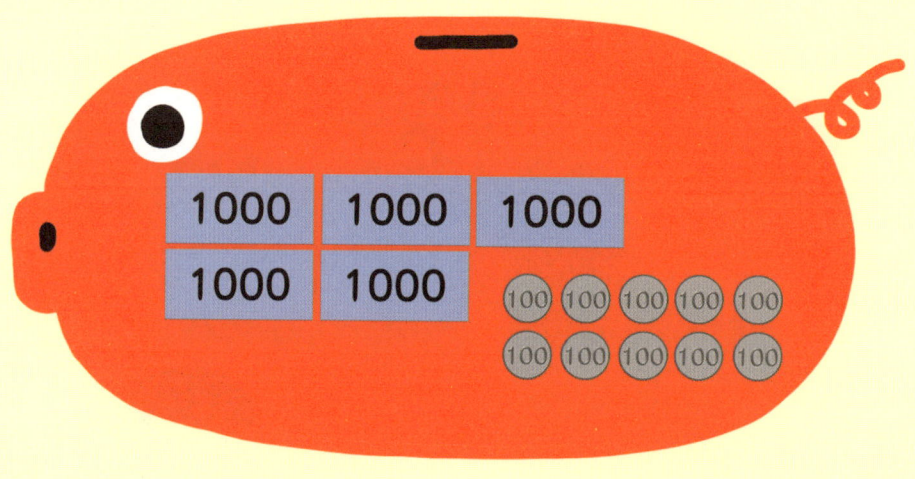

1000원이 5개니까 5000원,
100원이 10개니까 1000원이면

수호 저금통엔
6000원이 있었구나.

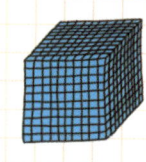

100이 10인 수를 1000이라고 합니다.
1000은 천이라고 읽어요.

자릿수

수호야, 둘 중에
어느 수가 더 클까?

음…

2315도, 3251도
똑같이 1, 2, 3, 5 4개의
숫자로 되어 있잖아.

그렇게 물어보니까
더 모르겠어.

 두 수를 각각 수모형으로 나타내어 보면
2315에는 천모형이 2개, 3251에는 천모형이 3개니까
천모형이 더 많은 3251이 더 큰 수가 되겠구나.

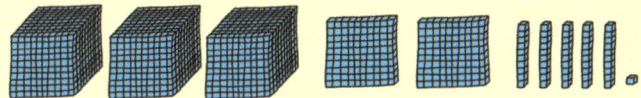

수모형을 놓아 보지 않아도
알 수 있는 방법이 있지.
자릿수를 비교해 보면 돼.

자릿수?

수모형의 종류에 따라
자리의 값을 정해 주는 거야.

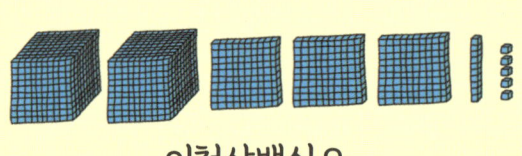

이천삼백십오

천모형	백모형	십모형	일모형
천의 자리	백의 자리	십의 자리	일의 자리
2	3	1	5

그러면 삼천이백오십일은
이렇게 나타낼 수 있겠구나.

천모형	백모형	십모형	일모형
천의 자리	백의 자리	십의 자리	일의 자리
3	2	5	1

두 수가 같은 숫자로 이루어졌지만
자릿수에 따라 값이 달라지는구나.

맞아. 그래서 맨 앞에 있는 수부터
살펴보면 쉽게 크기를 비교할 수 있어.

수 읽는 연습을
많이 해야겠어.

자릿수가 많아질수록 더 큰 수가
된다는 것도 알 수 있겠지.

자리에 따라 나타내는 수의 값이 달라져요.

1 2 3 4

천의 자리 백의 자리 십의 자리 일의 자리

뛰어 세기

개구리다!

개구리가 폴짝폴짝 뛰는 모습을 보니 수학에서 '**뛰어 세기**'가 생각나.

뛰어 세기라고?

응. 일정한 수만큼 넘겨서 세는 거야.

1000부터 1000씩 **뛰어 세기**를 하면 이렇게 되지.

1000 — 2000 — 3000 — 4000 — 5000 — 6000 — 7000 — 8000

1000씩 뛰어 세기를 하니까 천의 자릿수가 1씩 커지는구나.

맞아. 백, 십, 일의 자릿수는 변하지 않았어.

그럼 9100부터 100씩 뛰어 세기를 하면 어떻게 될까?

백의 자릿수만 1씩 커지고 천, 십, 일의 자릿수는 변하지 않겠지?

9100 − 9200 − 9300 − 9400 − 9500 − 9600 − 9700 − 9800

315부터 10씩 뛰어 세기를 해 보면 어떻게 될까?

10씩 뛰어 세기니까 십의 자릿수가 1씩 커지면 되겠지?

315 − 325 − 335 − 345 − 355 − 365 − 375 − 385

참 잘했어! 이번엔 거꾸로 뛰어 세기도 해 보자.

거꾸로?

800부터 100씩 거꾸로 뛰어 세기

| 800 | — | 700 | — | 600 | — | 500 | — | 400 | — | 300 | — | 200 | — | 100 |

580부터 10씩 거꾸로 뛰어 세기

| 580 | — | 570 | — | 560 | — | 550 | — | 540 | — | 530 | — | 520 | — | 510 |

아하! 거꾸로 뛰어 세기는 자릿수가 1씩 작아지는 거구나!

뛰어 세어 보는 연습을 통해 자릿수가 어떻게 변하는지 살펴보아요.

부등호

더 큰 수의 블록으로
로봇을 만들어 보세요.

더 큰 수라고?

같이 블록을
세어 볼까?

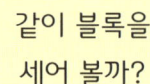

10개 묶음이 5개   10개 묶음이 6개

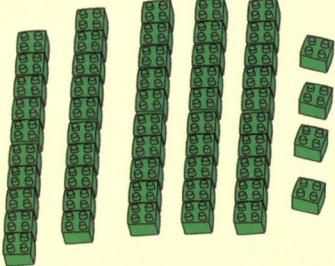 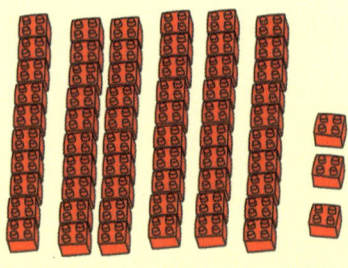

초록은 10개씩 5묶음
빨강은 10개씩 6묶음

초록은 54개,
빨강이 63개!

 잊어버리지 않게 내가 잘 적어 놓을게.

63이 54보다 더 큽니다.

  더 큰 수를 표시할 땐 이렇게 쓸 수 있어.

물고기가 더 큰 먹이를 먹으려고 입을 벌리는 걸 상상해 보면 되겠다. 맛있는 걸 먹을 때는 더 크고 많은 것이 좋으니까!

그럼 이건 '54가 63보다 작습니다.' 라고 읽을 수도 있겠구나.  맞아!

58과 52를 비교해서 나타낼 수 있겠니?

10개 묶음은 5라서 두 수가 같고, 낱개를 살펴보면 2보다는 8이 크니까….

$$58 > 52$$

이렇게 표시하면 되지? 내가 한번 읽어 볼게.
'58은 52보다 큽니다.'
'52는 58보다 작습니다.'

완벽해! 최고야!

부등호는 두 수의 크기를 비교할 때 사용하는 기호예요.

 * 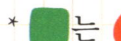는 보다 큽니다.
* 는 보다 작습니다.

모으기

수호야, 그건 다 뭐야?

바닷가에서 모은 조개야.
너무 많아서
바구니가 부족하네.

모으면 모을수록 많아지는 게
수학에 나오는 모으기 같아.

모으기라고?

숫자 2개를 모아서
하나로 만든다고 생각해 봐.

모으기를 하면 숫자가 커지는 게
꼭 덧셈을 하는 것 같아.

맞아. 덧셈을 연습할 때
모으기를 하지.

모으기를 이렇게
덧셈으로 나타낼 수 있구나.

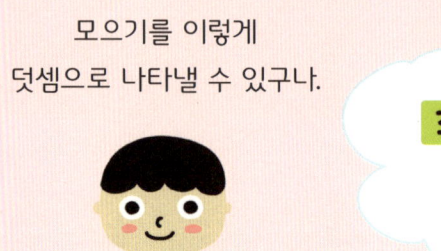

맞아, 맞아.

덧셈은 또 다른 말로도
표현할 수 있다는 걸 알고 있니?

다른 말?
뭔데?

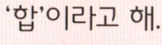
'합'이라고 해.

'합하다' 할 때의 합이라는
뜻으로 기억해야겠다.
모으기, 덧셈, 합!

그럼 혹시 모으기의 반대로
하는 방법도 있니?

물론이지. 어서 따라와.
다음 장에서 알려 줄게.

 둘 이상의 수를 모아서 하나로
만드는 것을 모으기라고 해요.
모으기를 연습하면 덧셈을 할 때
도움이 돼요.

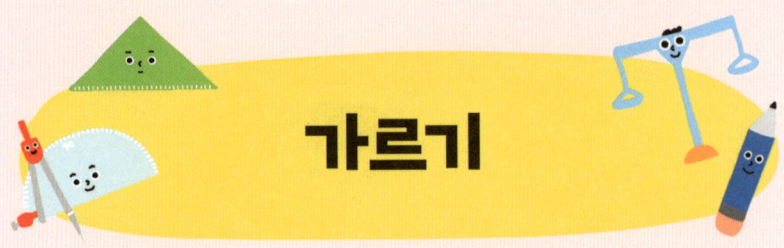

가르기

지금부터는 내 친구가
잘 설명해 줄 거야.

안녕?

수호야, 안녕?

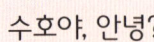

수호야, 2개의 바구니에 네가
가진 조개를 나누어 담아 볼래?

알겠어.

하나였던 바구니가
둘이 되었어.

맞아. 이게 바로
가르기야.

그럼 가르기는 뺄셈과
관련이 있는 걸까?

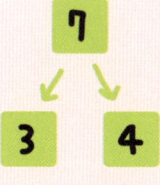

맞아!

큰 수를 작은 수 2개로
가르기하며
뺄셈을 연습할 수 있어.

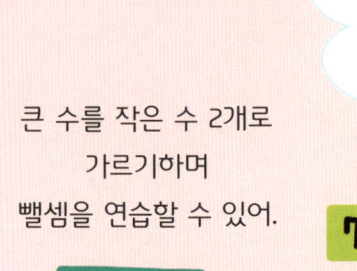

아하!

혹시 뺄셈을 나타내는
또 다른 말도 있니?

뺄셈은 '차'라는 말로
나타낼 수도 있단다.

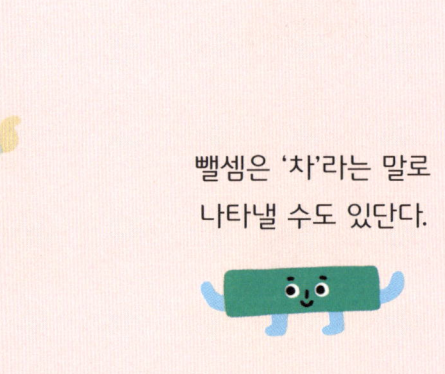

빨간 구슬이 초록 구슬보다 몇 개 더 많은지
그 차이를 알아볼 때 뺄셈을 해야 하니까

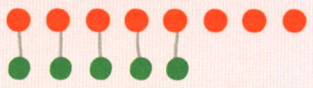

$8 - 5 = 3$

'두 수에 차이가 있다.' 할 때의
'차'라고 생각하면 되겠구나.

가르기, 뺄셈, 차!

정말 대단해. 이젠 알려 주지
않아도 척하면 척이야!

하나의 수를 둘 이상의 수로
가르는 것을 가르기라고 해요.
가르기를 연습하면 뺄셈을 할 때
도움이 돼요.

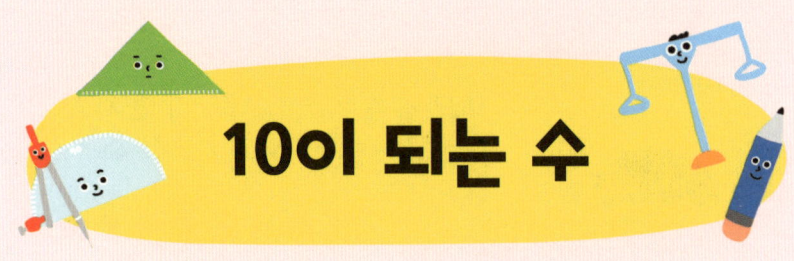

10이 되는 수

덧셈과 뺄셈을 할 때 자꾸
실수를 해서 고민이야.

수호야, 왜 그래?

덧셈과 뺄셈을 더 잘하기 위해
어떤 연습을 하면 좋을까?

10이 되는 수 익히기를
하면 도움이 될 거야.

10이 되는 수는 받아올림이나 받아내림을 할 때도 중요하지.

생활 속에서도 10개씩 묶음을 단위로 하는 것이 많으니까 10이 되는 수를 알아 두는 것이 좋아.

10개의 손가락을 접고 펴면서 연습해 볼래.

1 🐟🐟🐟🐟🐟🐟🐟🐟🐟🐟 9

2 🐟🐟🐟🐟🐟🐟🐟🐟🐟🐟 8

3 🐟🐟🐟🐟🐟🐟🐟🐟🐟🐟 7

4 🐟🐟🐟🐟🐟🐟🐟🐟🐟🐟 6

5 🐟🐟🐟🐟🐟🐟🐟🐟🐟🐟 5

6 🐟🐟🐟🐟🐟🐟🐟🐟🐟🐟 4

7 🐟🐟🐟🐟🐟🐟🐟🐟🐟🐟 3

8 🐟🐟🐟🐟🐟🐟🐟🐟🐟🐟 2

9 🐟🐟🐟🐟🐟🐟🐟🐟🐟🐟 1

10이 되는 두 수의 짝을 익혀 보세요.

덧셈

나비 4마리가 있었는데
2마리가 더 날아왔어!

나비가 모두
6마리?

세어 보지도 않고
어떻게 알았어?

4+2=6으로 덧셈식을
만들어서 계산하면 되잖아.

나비가 날아오는 것을 보고
덧셈식을 생각해 내다니 대단한걸!

뭐, 그 정도 가지고….

이번엔 나비 옆에 있는
예쁜 꽃도 살펴볼까?

노란색 꽃은 6송이,
빨간색 꽃은 3송이야.

그럼 화단에 있는
꽃은 모두 몇 송이일까?

모두 9송이!

$6 + 3 = 9$

이렇게 덧셈식을 만들어서 알아보니
훨씬 쉽고 빠르고 정확하구나.

계산을 할 때는 그림을 그리거나
장면을 떠올려 보면 더 쉬워.

덧셈식은 원래보다 더 많아지는 것을 계산할 때 사용하고,

주어진 것의 수가 모두 몇인지 알아볼 때도 사용할 수 있어.

 주변에 있는 물건의 수를 세어 보고 덧셈식으로 나타내어 보세요.

뺄셈

화단에 있던 나비 6마리 중에 5마리가 날아갔어.

이번엔 남아 있는 나비의 수를 식으로 나타내어 보자.

6 - 5 = 1

줄어든 수를 알아볼 때 뺄셈식을 사용하는구나.

맞아.

빨간색 꽃은 3송이,
노란색 꽃은 6송이야.

수호야, 이번엔 화단에 있는
꽃을 색깔별로 세어 볼까?

이건 정말 어려운걸!

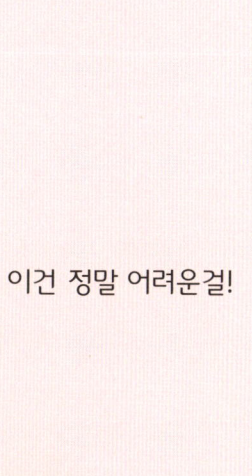

그럼 노란색 꽃이 빨간색 꽃보다
몇 송이 더 많을까?

그림으로 해결해 보자.
빨간색 꽃과 노란색 꽃을
짝지어 볼까?

노란색 꽃이 3송이 남았네.
그럼 노란색 꽃이 빨간색 꽃보다
3송이 많은 거구나!

$$6 - 3 = 3$$

뺄셈을 할 때는 큰 수에서
작은 수를 빼야 한다는 것을 잊지 마.

기억해 둘게!

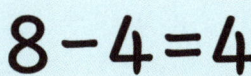

빨셈은 원래 있던 것에서 줄어드는 것을 계산할 때 사용하고,

$8-4=4$

무엇이 더 많고 적은지 수를 비교할 때 하면 돼.

$5-3=2$

손가락을 접고 펴면서 뺄셈식을 만들어 볼까요?

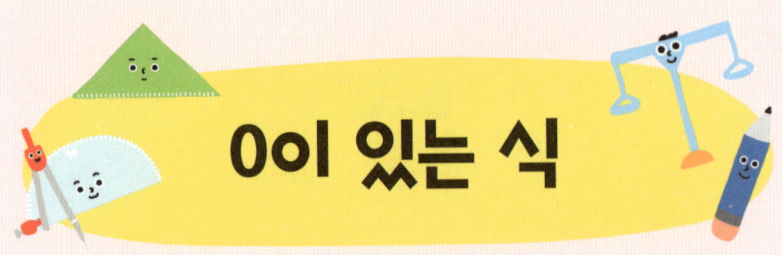

0이 있는 식

응. 엘리베이터 타고
7층에 올라갈 거야.

수호야, 안녕?
어디 가는 길이니?

우리는 10층에 갈 거야.
같이 타고 가자.

어서 와, 얘들아.
엘리베이터가 왔어.

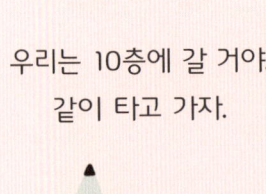

아무도 없는 엘리베이터에 **4명이 탔어.**

0 + 4 = 4

엘리베이터가 멈췄네.
누가 더 타려나 봐.

아무도 타지 않는걸?

아무도 타지 않아서 여전히 4명이 엘리베이터를 타고 있어.

4 + 0 = 4

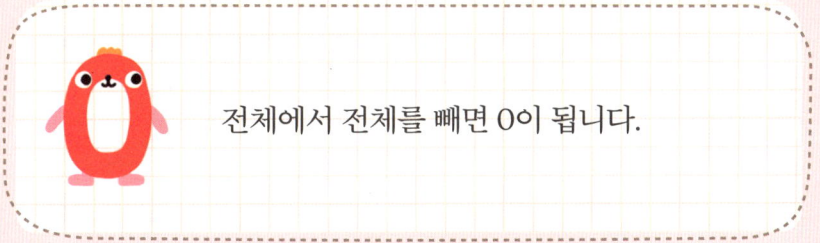

세 수의 셈

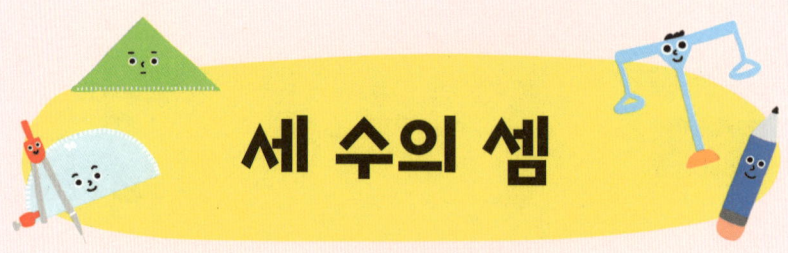

수호가 수학 공부 열심히 하는구나.
어려운 게 있으면 내가 뭐든 알려 줄게!

마침 궁금한 게 있었어.
세 수의 계산을 잘 모르겠어.

어렵지 않아. 앞에서부터
순서대로 셈을 해 보면 돼.

앞에 있는 수를 먼저 계산하고,
나머지 수를 계산하면 돼.

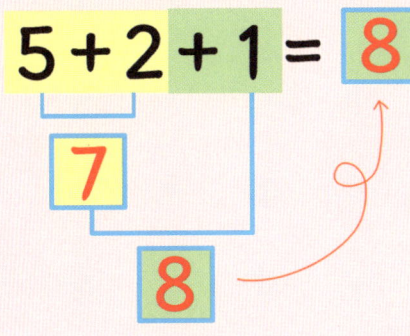

하나의 식을 순서대로 계산했더니
2개의 식을 계산하는 것과 같아졌어.

$5 + 2 = 7$

$7 + 1 = 8$

위, 아래로 식을 써서 계산할 수도 있겠구나!

$$\begin{array}{r} 5 \\ +\ 2 \\ \hline 7 \end{array} \qquad \begin{array}{r} 7 \\ +\ 1 \\ \hline 8 \end{array}$$

그럼 뺄셈도 이런 방법으로
계산하면 되는 거야?

맞아. 뺄셈은 항상 큰 수에서
작은 수를 빼야 한다는 사실을
꼭 기억하고 시작하도록 해.

덧셈과 마찬가지로 순서대로 계산해도 되고,

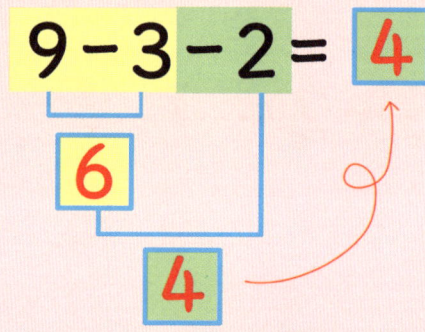

위, 아래로 식을 써서 계산할 수도 있어.

이번엔 조금 더 어려운
문제도 해결해 볼까?

덧셈과 뺄셈이 섞여 있는
복잡한 문제구나.

기차에 사람이 36명 있었습니다.
12명이 내리고, 15명이 탔습니다.
기차에 타고 있는 사람은 모두 몇 명일까요?

순서대로 뺄셈을
먼저 계산하고

$36 - 12 + 15 = 39$

문제 해결!

24

다음으로 덧셈을
계산하면

39

 앞에서부터 순서대로 세 수의 셈을 연습해
보세요.

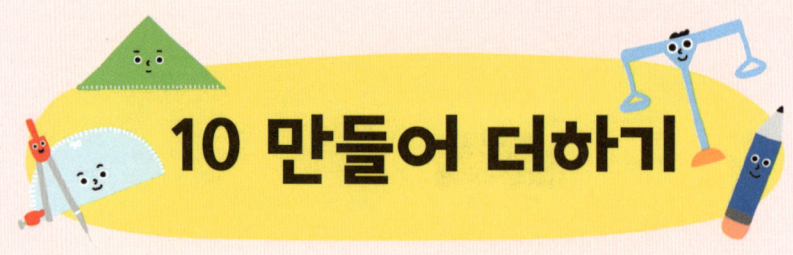

10 만들어 더하기

앞에서 세 수를 계산하는
방법을 배웠지?

응! 하나의 식으로 계산해도 되고,
식을 2개로 쪼개어 계산해도 되고.

세 수를 더할 때 사용할 수 있는
또 다른 방법을 알려 줄게.

좋아! 준비됐어!

$7+4+6=$

세 수 중에 합해서 10이
되는 두 수를 찾아봐.

10이 되는 두 수를 먼저 계산하고 나머지 수를 더해 주면 끝!

$7+4+6=17$

10

17

10을 먼저 계산하고 거기에
7만 더하면 되니까 훨씬 쉬워.

그럼 하나 더 연습해 볼까?

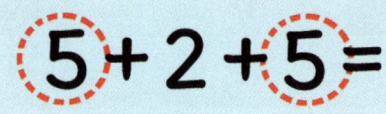

맨 앞의 5와 맨 뒤의 5가 10이 되는
두 수이고, 거기에 2를 더하면 12가 되겠지?

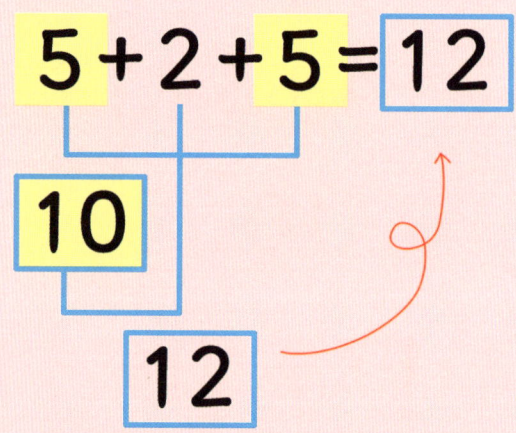

앞에서부터 계산해야 한다고 생각했는데
이렇게도 할 수 있다니 정말 재미있다.

그래서 난 수학이 참 좋아.

그런데 꼭 10을 만드는 방법으로만
계산해야 하는 것은 아니야.

스스로 편하고 잘할 수 있는
방법을 선택해서 하면 되는 거지?

 10이 되는 수를 생각하며 덧셈을 해 보세요.

여러 가지 방법으로 셈하기

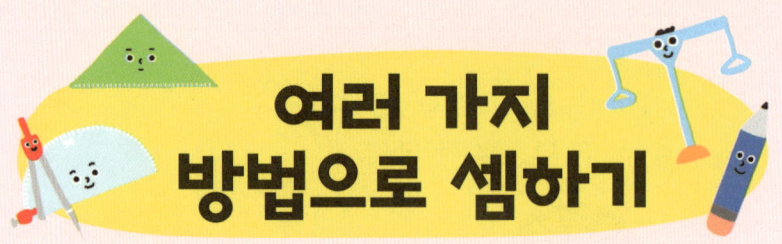

$$27 + 19 =$$

여러 가지 방법으로 이 문제를 풀기 위해 19를 10과 9로 가르기해 보자.

그럼 27에 10을 먼저 더할 수 있게 되네.

37에 나머지 9를 더해 주면    훨씬 간단해졌어!

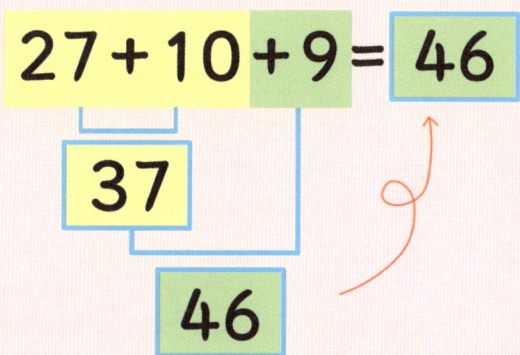

그럼 27을 30으로 만들기 위해
19를 3과 16으로 가르기하면 어때?    그렇게 할 수도 있지.
정말 훌륭한 생각이야!

 이번엔 뺄셈이야.

$$34 - 16 =$$

먼저 16을 10과 6으로 가르기해 볼래.

$34 - 16 =$
  ↙ ↘
 10 6

➡ $34 - 10 - 6 =$

 34에서 10을 뺀 후에, 24에서 6을 빼는 방법으로 하면 되지.

잘했어!

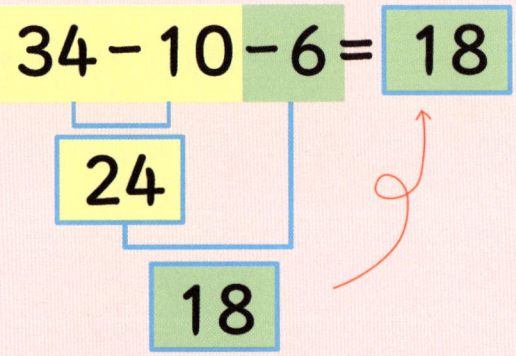

 34에서 빼기 쉬운 수를 만들기 위해 16을 14와 2로 가르기해 보면 어때?

34-14=20을 계산하고, 거기에서 2를 빼 주면 되겠네!

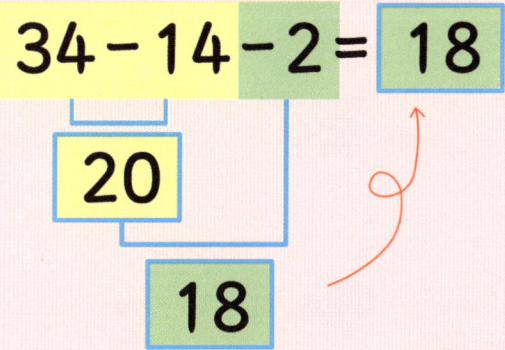

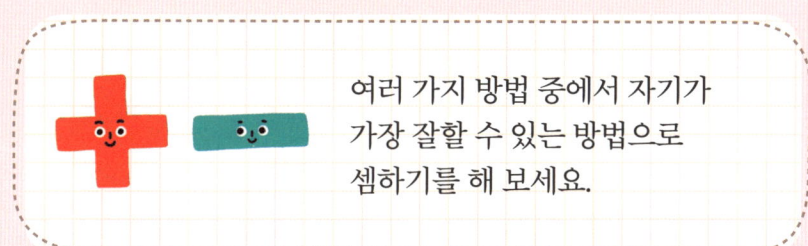

여러 가지 방법 중에서 자기가 가장 잘할 수 있는 방법으로 셈하기를 해 보세요.

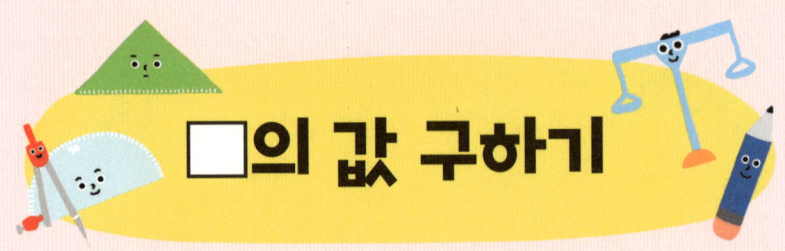

□의 값 구하기

수호야, 내가 문제 낼게. 맞혀 봐.

좋아!

> 나한테 사탕이 4개 있었는데 사랑이에게 사탕 몇 개를 더 받았더니 지금은 9개가 되었어. 내가 사랑이에게 받은 사탕은 모두 몇 개일까?

어려워. 잘 모르겠어.

식을 만들어서 천천히 생각해 봐.

먼저 모르는 수를
기호로 나타내어 보자.

그럼 나는 모르는 수를
☐ 모양으로 나타낼래.

 본격적으로 식 만들기를 해 보자.

원래 사탕이 4개 있었으니까
맨 앞에 4를 쓰고,

사랑이한테 사탕을 받았으니까
더하기 표시를 해야겠지?

4 + ☐

몇 개를 받았는지 모르니까
☐ 표시를 하고,

모두 합해서 지금은 9개를 갖고 있으니까
이렇게 식이 완성되었어!

그림을 그려서
풀어 볼 수 있지.

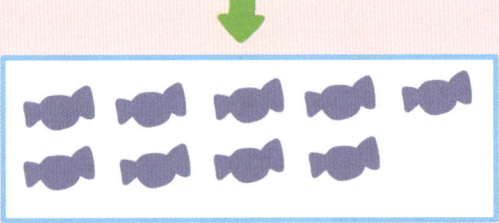

그럼 사랑이에게 받은 사탕은 5개!
이번엔 다른 문제도 도전해 볼래.

쿠키를 11개 갖고 있었는데 사랑이에게
몇 개를 주었더니 6개가 남았어.
내가 사랑이에게 준 쿠키는 몇 개일까?

11개에서 ☐개를 주었으니까
뺄셈식으로 나타내면 되겠지?

$$11 - \square = 6$$

 11개에서 6개만 남기고 쿠키를 지우면

사랑이에게 준 쿠키는 모두 5개구나!

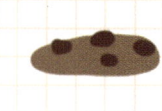 그림을 그리거나 식을 만들어서 ☐의 값을
구할 수 있어요.

세로셈

자릿수가 많아지니까 덧셈과 뺄셈을 하기가 어려워.
받아올림이나 받아내림을 하는 것도 쉽지 않고….

$$189 + 56 = ?$$

계산하는 두 수의 자릿수가 같으면 괜찮지만, 자릿수가 달라서 계산하는 게 헷갈려.

그냥 자릿수를 맞춰서
계산하면 어렵지 않을 텐데….

189 + 56 =
↑　　　↑
세 자릿수　두 자릿수

세로셈이라고?

세로셈으로 계산을
해 보면 어때?

189 + 56 = ?

숫자를 위에서 아래로(세로로) 자릿수를 맞추어 적은 후에

```
    1 8 9
+     5 6
---------
```

일의 자리부터 차근차근 계산하면 돼.

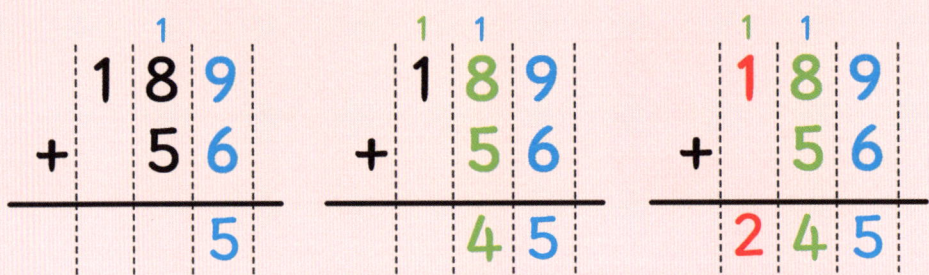

자릿수가 많아져도 세로셈으로 하면 한눈에 들어오는구나. 좀 더 연습해 볼까? 다음 문제를 해결해 보자.

① 418 − 115

② 719 − 59

③ 108 + 764

정답: ① 303 ② 660 ③ 872

그런데 모든 수를 계산할 때
세로셈이 편한 것만은 아냐.

???

세로셈으로 하지 않아도 되겠네!

한 자리의 수끼리 계산하거나
암산으로 하는 것이 편할 때는

덧셈이나 뺄셈을 할 때 자릿수를 맞추어
세로로 숫자를 놓은 뒤에 계산하는
방법을 세로셈이라고 해요.

묶어 세기

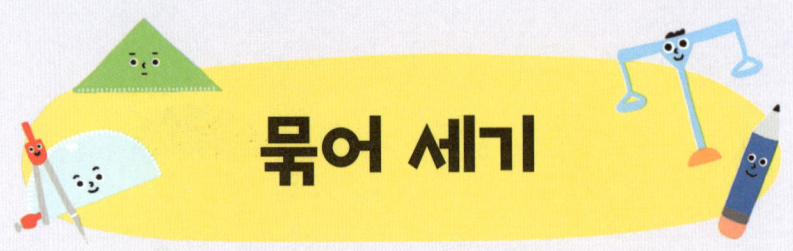

하나, 둘, 셋, 넷, 다섯, 여섯….
하나씩 세려고 하니 너무 많고
헷갈리는데 좋은 방법이 없을까?

공깃돌이 정말 많구나.
이게 다 몇 개야?

몇 개씩 묶어서
세어 보면 어떨까?

이렇게 말이지?

 이렇게 세는 방법을 '묶어 세기'라고 해.

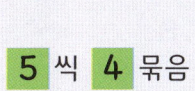 

공깃돌이 모두 20개

묶어서 센다고?

이렇게 세면 좀 더 빠르고 정확하게 셀 수 있을 거야.

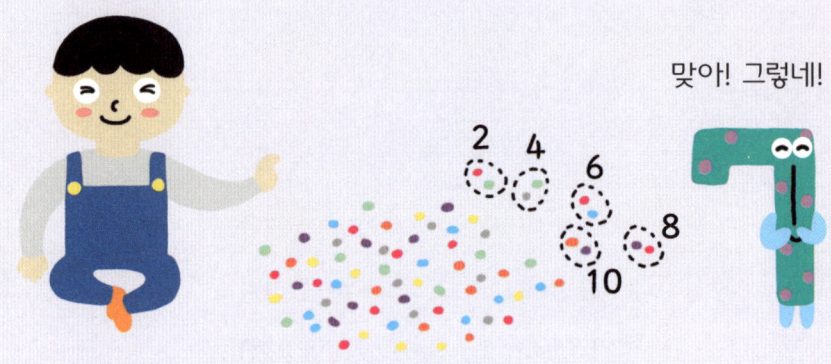

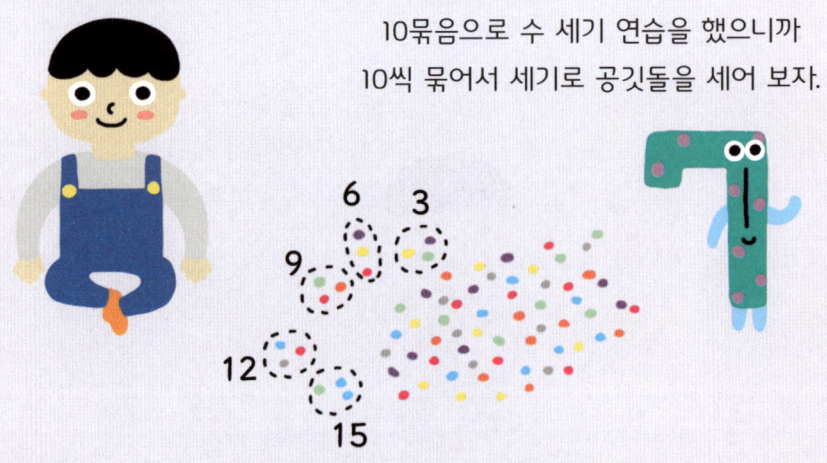

10-20-30-40-50-60-70
10개씩 7묶음이니까 70개! 그리고…

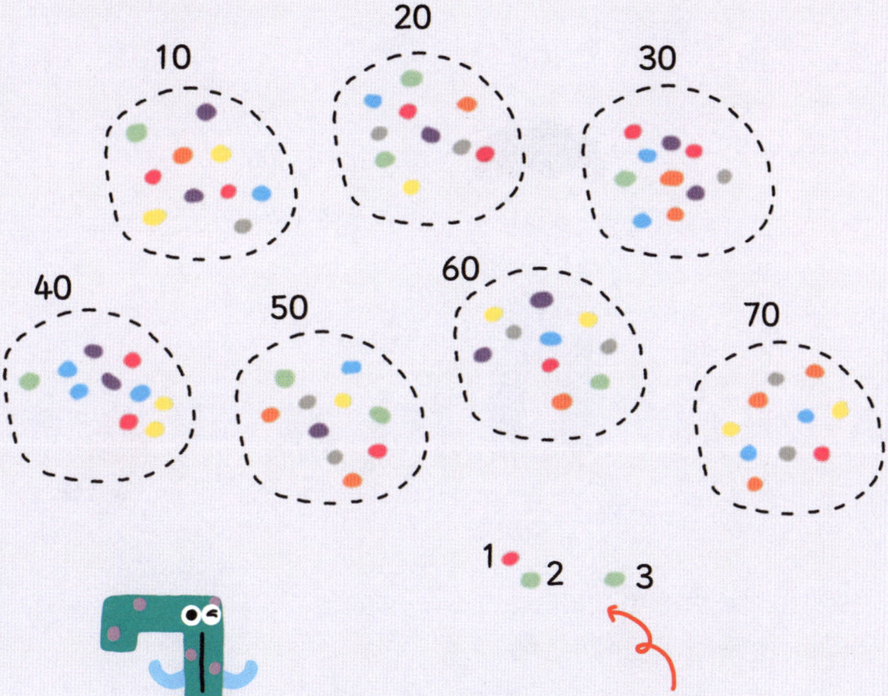

10 20 30

40 50 60 70

1 2 3

10개씩 묶은 후에 3개가 남아 있으니
공깃돌은 모두 73개구나!

정해 놓은 수만큼씩 묶어서 세는 방법은
곱셈을 공부할 때 도움이 돼요.

곱셈식, 덧셈식

양말이 2짝, 4짝, 6짝, 8짝, 10짝

2짝씩 세어서 여러 번 합하려니
헷갈리기도 하고 복잡하기도 해.

그럴 땐 곱셈식으로
나타내면 돼.

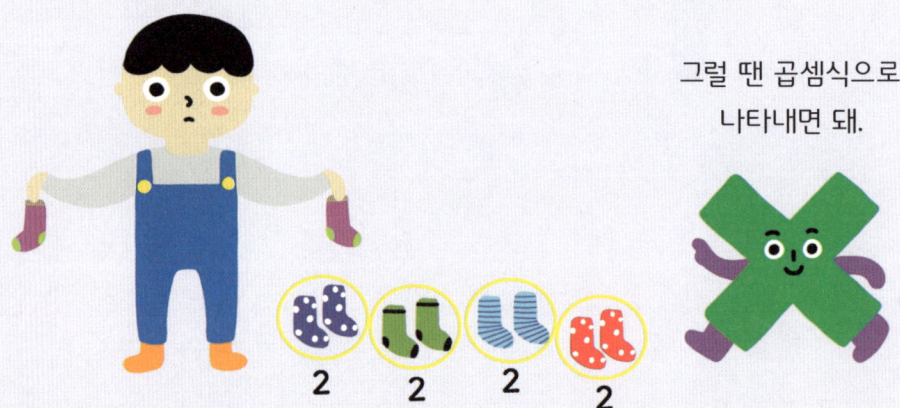

2 + 2 + 2 + 2 + 2

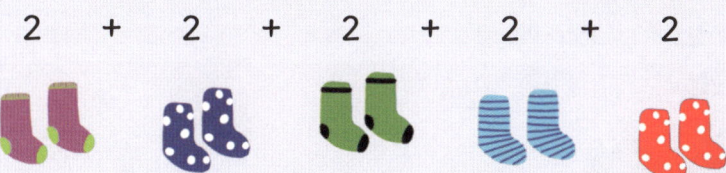

양말이 2짝씩 5묶음 있습니다.

2 × 5

2 곱하기 5

2의 5배

 양말 2짝이 더 있으면
어떻게 나타내야 할까?

 내가 해 볼게!

2짝씩 6묶음 이니까
덧셈식으로는 **2+2+2+2+2+2** 라고 쓰고,
2의 6배 또는 **2 곱하기 6** 이라고 읽고,
2×6 으로 쓰면 되겠지?

이번엔 꽃잎의 수로 연습해 보자.
꽃잎은 모두 몇 장일까?

꽃 1송이에 꽃잎이 6장이고
꽃은 모두 7송이 있으니까

6을 7번 더하면 되고,

6의 7배 또는 6 곱하기 7로 나타낼 수 있겠지?

6 X 7

식으로 나타내는 것은 자신 있지만
정답을 구하는 것은 아직도 어려운걸.

수호가 이제 아주
잘하는구나!

그렇다면 어서 따라와!
다음 장에서 곱셈구구를 외워 보자!

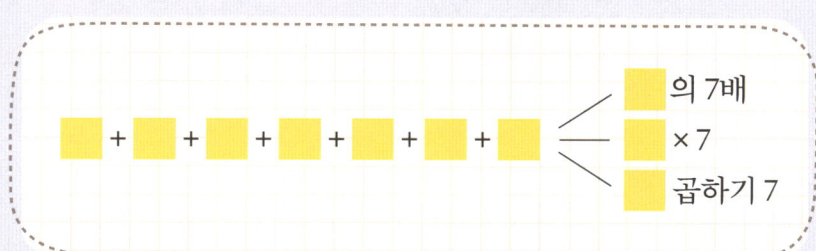

99

곱셈구구

 큰 소리로 따라 읽으며 곱셈구구를 익혀 보세요.

2단

2 x 1 = 1

2 x 2 = 2

2 x 3 = 6

2 x 4 = 8

2 x 5 = 10

2 x 6 = 12

2 x 7 = 14

2 x 8 = 16

2 x 9 = 18

3단

3 x 1 = 3

3 x 2 = 6

3 x 3 = 9

3 x 4 = 12

3 x 5 = 15

3 x 6 = 18

3 x 7 = 21

3 x 8 = 24

3 x 9 = 27

4단

4 x 1 = 4

4 x 2 = 8

4 x 3 = 12

4 x 4 = 16

4 x 5 = 20

4 x 6 = 24

4 x 7 = 28

4 x 8 = 32

4 x 9 = 36

5단

5 x 1 = 5

5 x 2 = 10

5 x 3 = 15

5 x 4 = 20

5 x 5 = 25

5 x 6 = 30

5 x 7 = 35

5 x 8 = 40

5 x 9 = 45

6단

6 x 1 = 6
6 x 2 = 12
6 x 3 = 18
6 x 4 = 24
6 x 5 = 30
6 x 6 = 36
6 x 7 = 42
6 x 8 = 48
6 x 9 = 54

7단

7 x 1 = 7
7 x 2 = 14
7 x 3 = 21
7 x 4 = 28
7 x 5 = 35
7 x 6 = 42
7 x 7 = 49
7 x 8 = 56
7 x 9 = 63

8단

8 x 1 = 8
8 x 2 = 16
8 x 3 = 24
8 x 4 = 32
8 x 5 = 40
8 x 6 = 48
8 x 7 = 56
8 x 8 = 64
8 x 9 = 72

9단

9 x 1 = 9
9 x 2 = 18
9 x 3 = 27
9 x 4 = 36
9 x 5 = 45
9 x 6 = 54
9 x 7 = 63
9 x 8 = 72
9 x 9 = 81

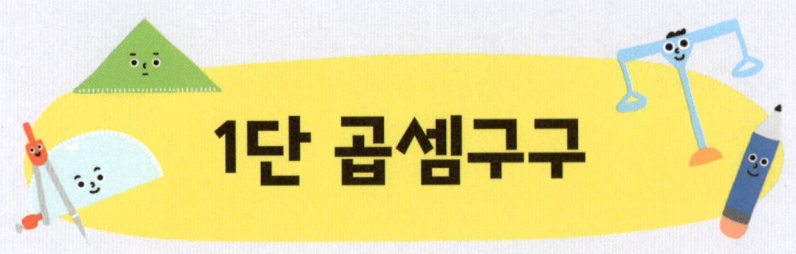

1단 곱셈구구

접시에 빵이
하나씩 놓여 있네.

접시가 5개니까
빵도 5개야.

접시 2개를 더 놓으면

접시가 7개니까
빵도 7개가 되겠지?

수호야, 이걸 곱셈식으로 나타내어 볼래?

1 x 1 = 1

1 x 2 = 2

1 x 3 = 3

1 x 4 = 4

1 x 5 = 5

1 x 6 = 6

1 x 7 = 7

1 x 8 = 8

1 x 9 = 9

 1을 어떤 수에 곱하면 어떤 수 자기 자신이 돼요.

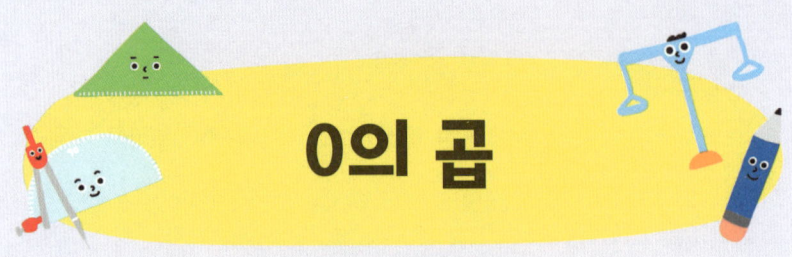

0의 곱

돌멩이를 던져서
점수를 얻는
게임이야.

자신 있어!

5번이나 던졌는데
전부 0점이네.

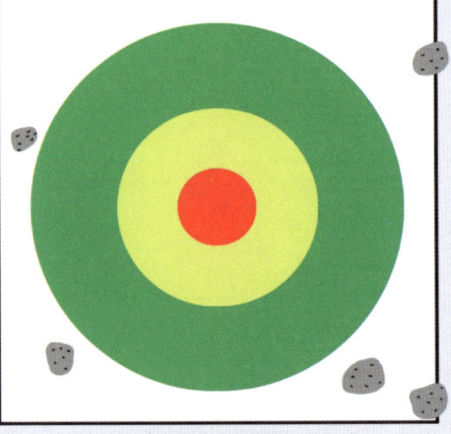

0점이 6번이니까
0×6=0이라고
쓸 수도 있겠다.

0+0+0+0+0=0

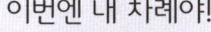
이번엔 내 차례야!

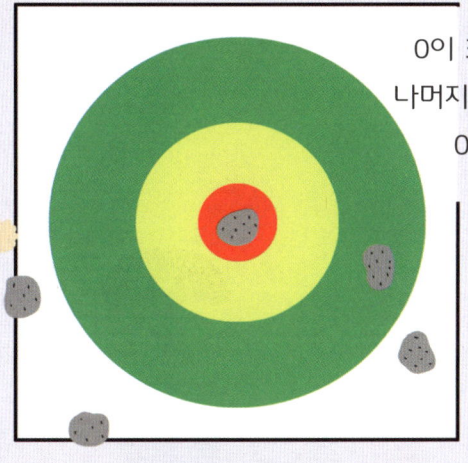

0이 3번이니까 0×3=0
나머지는 1점과 3점이니까
0+0+0+1+3=4

점수가 있는 칸을 맞추지 못하면 점수를 얻지 못하니까
못 맞춘 만큼을 0점과 곱해도 0점이 되는 거지.

0은 어떤 수를 곱해도 0이 돼요.

길이 비교

수호야! 줄넘기 하러 가자.

좋아. 그런데 노란색 줄넘기가 내겐 좀 짧은 것 같아.

그럼 이 빨간색 줄넘기는 어때?

음…

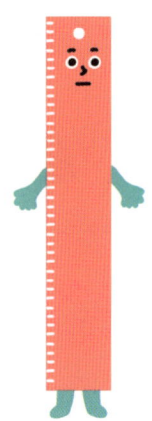

빨간색 줄이 노란색 줄보다
더 짧아 보이는걸?

 길이를 비교할 때는 줄을 잘 펴서
한쪽 끝을 나란히 놓고 비교해야 해.

와! 빨간색 줄이 노란색 줄보다 더 길고, 노란색 줄은 빨간색 줄보다 짧구나.

그럼 줄 3개를 비교할 때도 이렇게 줄을 잘 펴서 끝을 맞추어 놓으면 되는 거지?

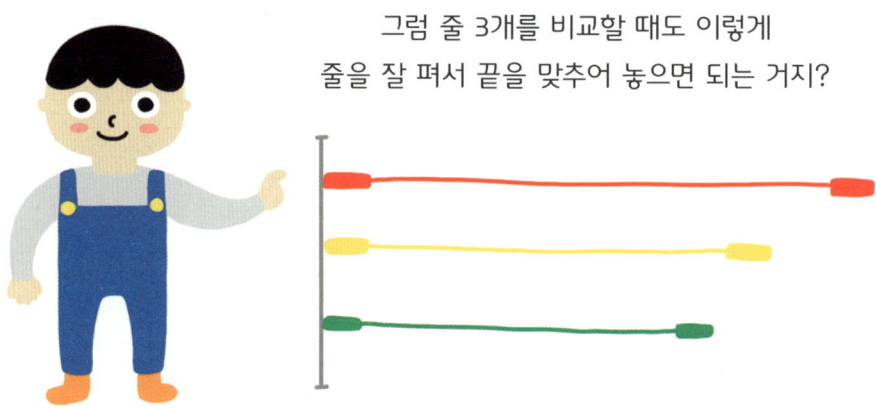

맞아. 그러고 나서 '가장 길다.' 또는 '가장 짧다.'라고 말하면 돼.

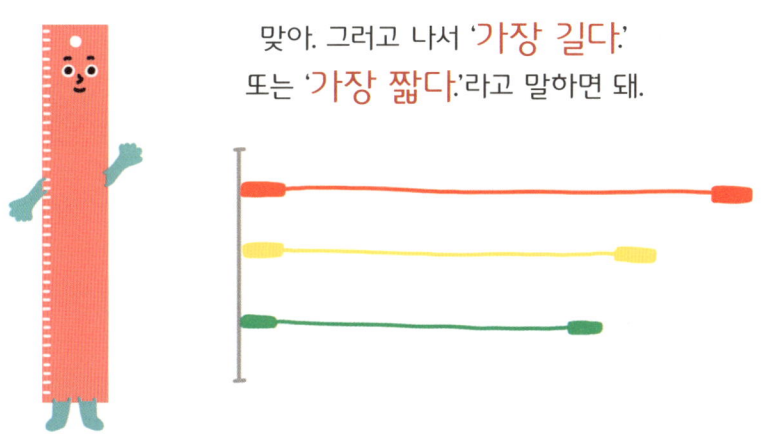

그럼 빨간색 줄이 가장 길고, 초록색 줄이 가장 짧다. 맞지?

잘했어!

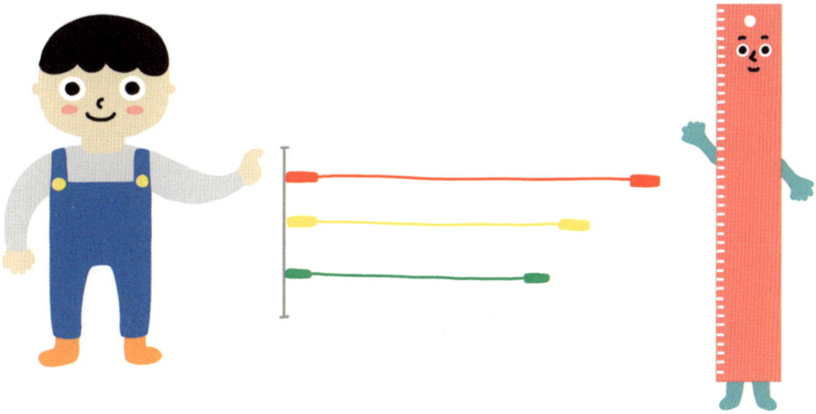

길이를 비교할 때는 '더 길다.', '더 짧다.'라는 말을 사용해요.

무게 비교

얘들아, 안녕?
시소 타는구나!

수호야, 안녕?

연필이 앉은 쪽
시소가 위로 올라갔어.

지우개가 앉은 쪽
시소가 아래로 내려갔어.

연필은 지우개보다
더 가볍다.

지우개는 연필보다
더 무겁다.

내가 이쪽에 타 볼게.

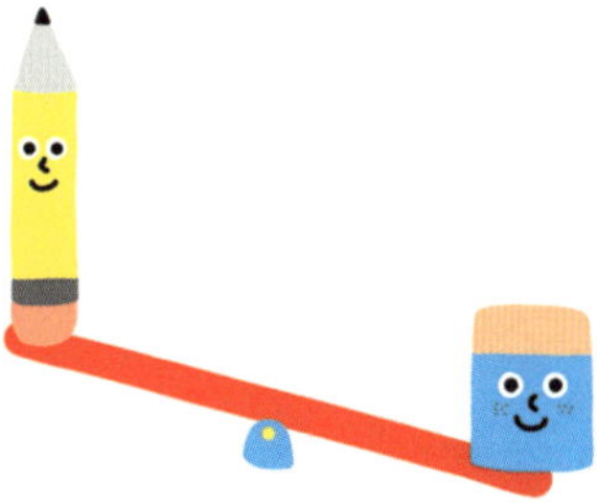

지우개는 연필보다
더 무겁고

수호는 지우개보다
더 무거우니까

수호가 **가장 무겁다.**

지우개는 수호보다
더 가볍고

연필은 지우개보다
더 가벼우니까

연필이 **가장 가볍다.**

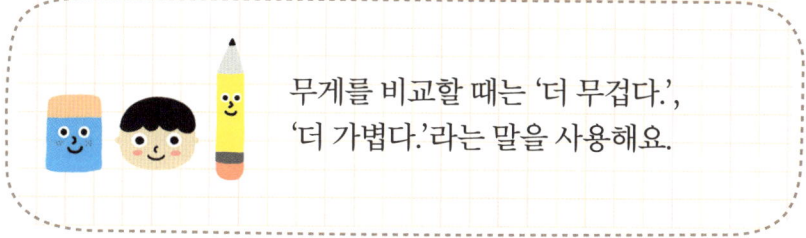

무게를 비교할 때는 '더 무겁다.',
'더 가볍다.'라는 말을 사용해요.

넓이 비교

컵을 옮기려는데
도와주겠니?

알겠어. 쟁반을
가지고 올게.

자, 여기 있어.

그 쟁반은 컵을 모두
담기에 좁은 것 같아.

이건 어때? 더 넓은 것을 가지고 왔어.

아까 것과 비슷해 보이는데….

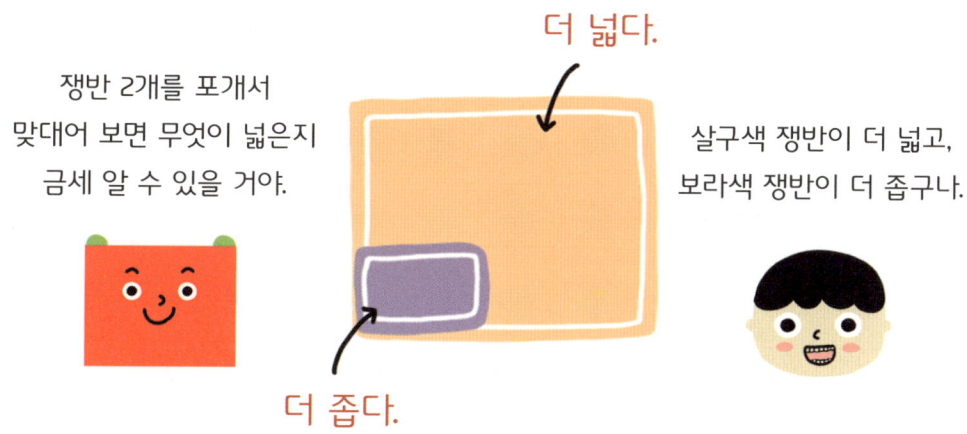

쟁반 2개를 포개서 맞대어 보면 무엇이 넓은지 금세 알 수 있을 거야.

더 넓다.

더 좁다.

살구색 쟁반이 더 넓고, 보라색 쟁반이 더 좁구나.

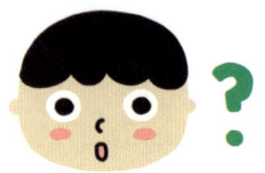 그럼 컵 10개를 다 놓으려면

검은색 탁자를
사용해야 할까?

노란색 탁자를
사용해야 할까?

분홍색 탁자를
사용해야 할까?

쟁반은 직접 비교해 볼 수 있었는데 탁자는 너무 무거워서 맞대어 볼 수가 없잖아.

음…. 컵 10개를 다 놓으려면 가장 넓은 탁자가 필요하겠지? 가서 눈으로 확인해 보자!

검은색 탁자가 **가장 넓다**!
눈으로 확인해서
비교할 수도 있구나.

노란색 탁자가
가장 좁네.

넓은 살구색
쟁반을 사용해서

가장 넓은 검은색 탁자로
컵을 옮겨 보자!

넓이를 비교할 때는 '더 넓다.', '더 좁다.'
라는 말을 사용해요.

양 비교

병에 있는 것과 컵에 있는 것 중
어느 쪽에 있는 우유가
더 많은지 잘 모르겠어.

딸기우유 쪽이 더 높으니
양이 많을 것 같은데….

그렇지만 담을 수 있는 양은

이 보다 많으니까

병에 있는 우유가 더 많은 것 아닐까?

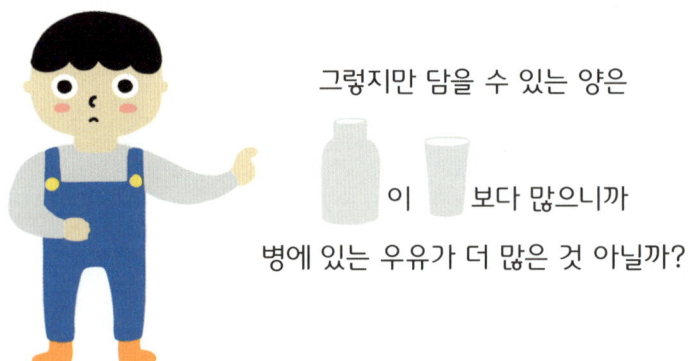

오!

모양과 크기가 같은 컵에
담아서 직접 비교해 보면 되지.

그런 방법이 있었구나!

자, 같은 모양의 두 컵에
각각 담았더니 이렇게 되었어.

딸기우유가
바나나우유보다
더 많구나!

담을 수 있는 양은
병이 컵보다 많고,
컵이 병보다 적구나.

담을 수 있는 양이

더 많다.   더 적다.

우유의 양은
딸기우유가 더 많고,
바나나우유가 더 적구나.

우유의 양이

더 적다.   더 많다.

양을 비교할 때는 '더 많다.', '더 적다.'라는 말을 사용해요.

cm(센티미터)

수수깡은 준비해 왔지?

물론이지!

근데 네 수수깡은
좀 짧은 것 같아.

손바닥 길이만큼 잘라 오면
된다고 하지 않았니?

나는 내 손바닥만큼 수수깡을 잘라 왔는걸.

나는 내 손바닥만큼을 생각하고 잘라 왔어.

약속을 정하지 않아서 길이가 달라져 버렸나 봐.

그럼 길이를 말할 때 사용하는 약속에 대해 알아볼까?

자를 살펴보자. 이만큼을 1cm라고 쓰고, 일센티미터라고 읽으면 돼.

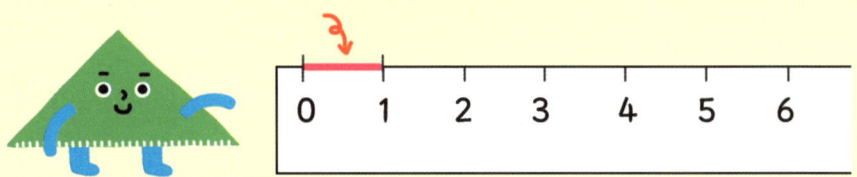

1cm가 두 번이면 2cm라고 쓰고, 이센티미터라고 읽어.

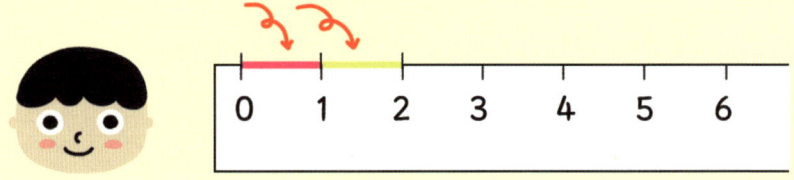

1cm가 다섯 번이면 5cm라고 쓰고, 오센티미터라고 읽으면 되겠다!

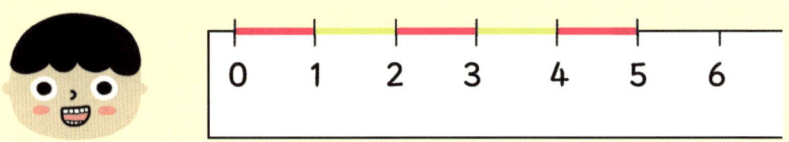

우리 주변에 1cm인 것은 무엇이 있을까?

내 엄지손톱이 1cm

강낭콩 한 알이 1cm

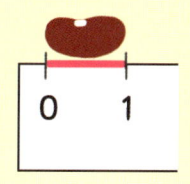

우리가 가져온 수수깡도 재어 볼까?

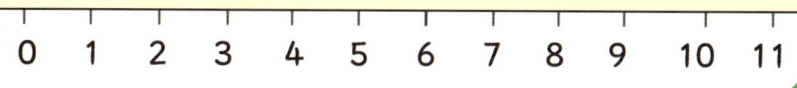

수호 것은 10cm이고, 내 것은 6cm구나!

cm
센티미터

cm를 사용하면 정해진 길이를 정확하게 약속할 수 있어요.

m(미터)

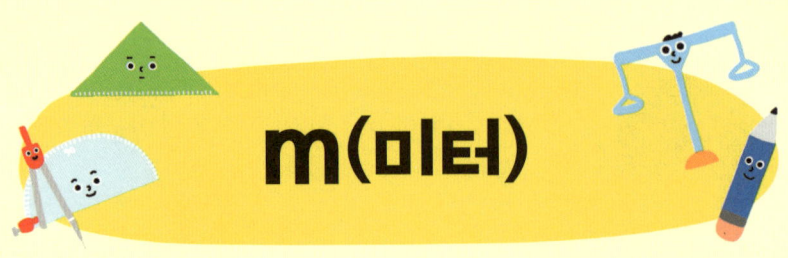

창문에 커튼을 달고 싶은데 길이 재는 것을 도와주겠니?

내가 가진 자는 너무 짧아서 창문을 재기가 힘들 것 같아.

긴 줄자로 재어 보면 100cm!

100cm? 1cm가 100번이라는 뜻이잖아!

수호야, 그거 알아?
100cm는 1m라고 쓸 수도 있어.

100cm가 1m라고?
그럼 200cm는 2m고,
300cm는 3m겠네.

내 키는 121cm인데
이건 어떻게 바꿔 쓸 수 있어?

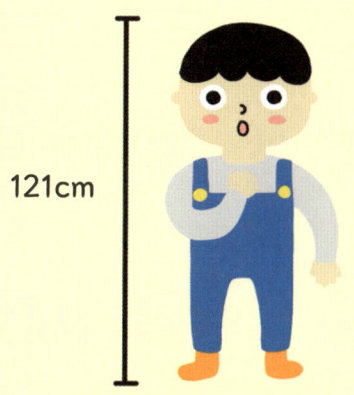

121cm는 100cm와 21cm이니까
1m 21cm라고 쓰면 되겠지.

큰 수를 미터로 나타내니까
길이가 한눈에 들어온다!

그럼 미터와 센티미터를
좀 더 연습해 보자.

 cm와 m 중에서 바른 것을 골라 볼까요?

① 버스의 길이는 약 10(cm, m)입니다.

② 가위는 약 18(cm, m)입니다.

③ 타조의 키는 약 2(cm, m)입니다.

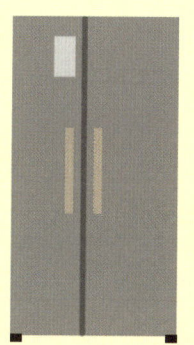

④ 냉장고의 높이는 약 170(cm, m)입니다.

정답: ① m ② cm ③ m ④ cm

자로 길이 재기

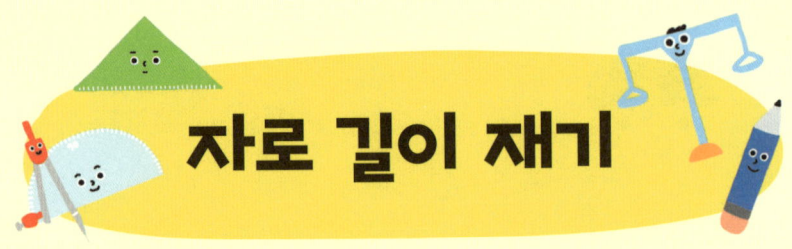

수호야, 무슨
걱정이라도 있니?

자가 부러져서 색종이
길이를 잴 수가 없어.

원래 길이를 잴 때는 한쪽 끝을 자의 0에
맞추고 다른 쪽 끝의 숫자를 읽어야 하잖아.

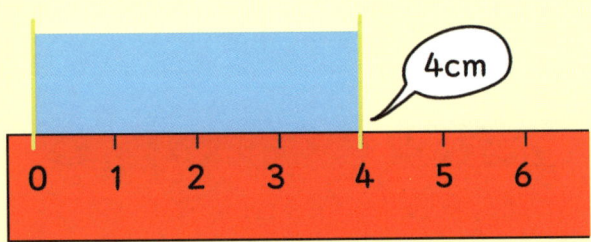

 그런데 자가 부러지는 바람에 한쪽 끝을 0에 맞출 수가 없게 되었어.

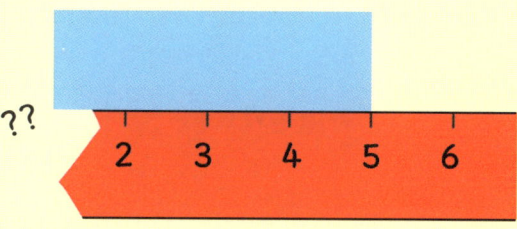

그럴 땐 물건의 끝을 자의 한 눈금에 맞추고 다른 쪽 끝의 숫자까지 1cm가 몇 번 들어가는지 확인해 보면 돼.

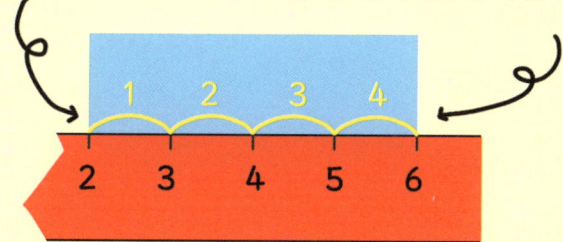

1cm가 네 번이니까 4cm구나!

수호야, 그럼 이번엔
이걸 한번 재어 볼래?

한쪽 끝에 반듯하게 맞추면,
1cm가 두 번… 길이가 좀 남네?

길이가 정확하지 않을 때는 숫자 앞에
'약'이라는 말을 넣어서 읽으면 돼.

2cm보다는 길고 3cm보다는 짧지만
3cm에 더 가까우니까 약 3cm 맞지?

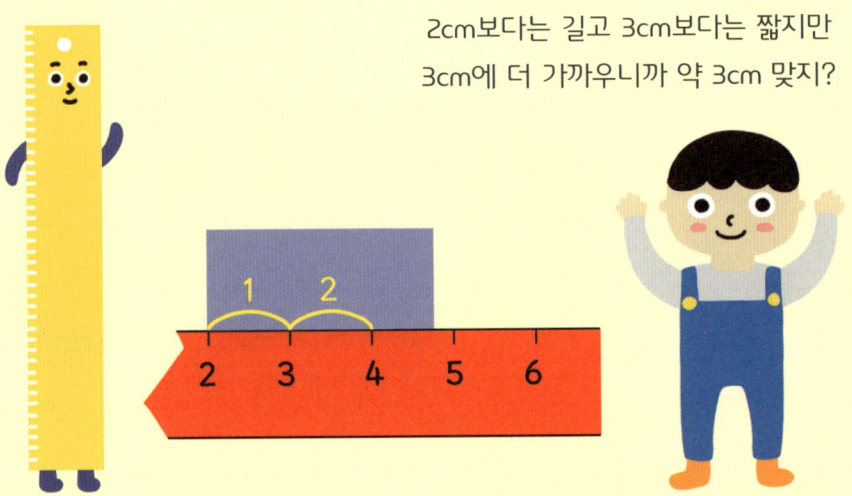

내가 도와줄게!

길이 재는 방법을 배웠으니
내 키도 재어 보고 싶어.

121과 122 사이에 있지만
121에 더 가까우니까
내 키는 약 121cm구나.

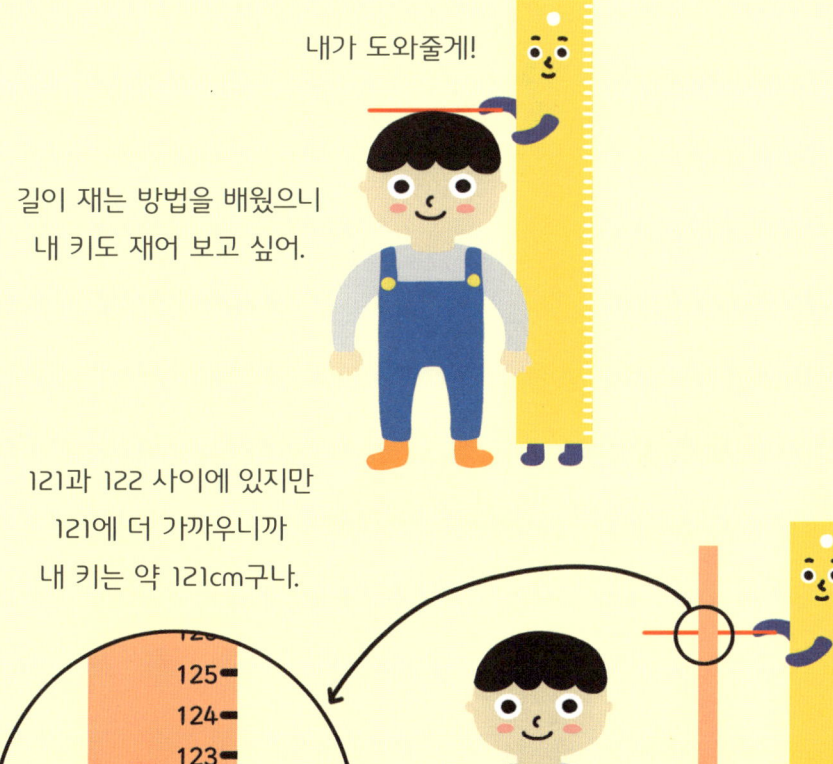

 숫자 눈금 사이의 길이를 읽을 때는 가까운 쪽의 숫자 앞에 '약'을 붙여서 읽으면 돼요.

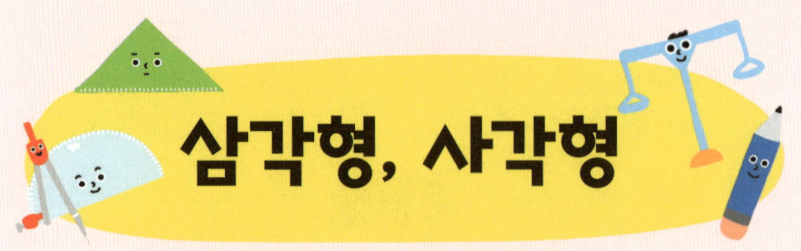

삼각형, 사각형

이 모양 알아!
삼각형 맞지?

맞아. 이 도형의
이름은 **삼각형**이야.

삼각형은 원과 다르게
곧은 선으로만 되어 있구나.

곧은 선을
변이라고 해.

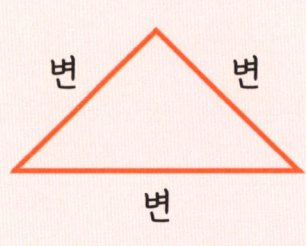

그럼 삼각형은 변이 3개네?

맞아. 삼각형은 변이 3개!

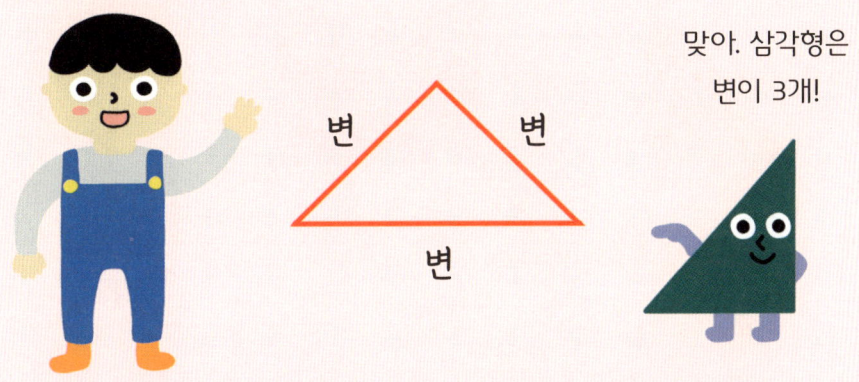

변과 변이 만나는 뾰족한 부분도 3개가 있어.

꼭짓점이라고 해. 삼각형은 꼭짓점도 3개지.

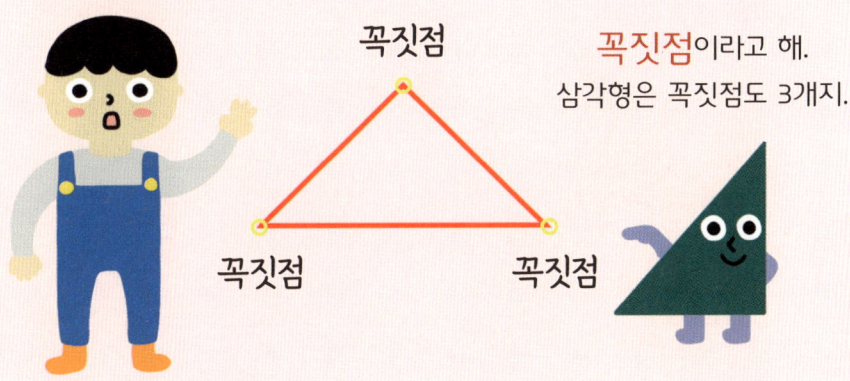

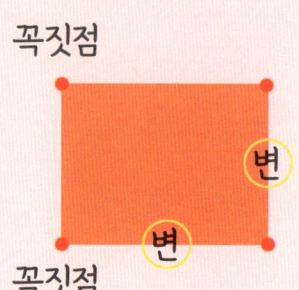

이번엔 사각형을 살펴볼까?

사각형은 변이 4개, 꼭짓점도 4개네?

꼭짓점과 변의 수에 따라 도형의 이름을 기억하면 되겠지?

정말 그렇구나!
꼭짓점과 변이 3개면 삼각형,
꼭짓점과 변이 4개면 사각형.

수호야, 그럼 여기서 삼각형과 사각형을 찾아볼래?

물론이야. 자신 있어!

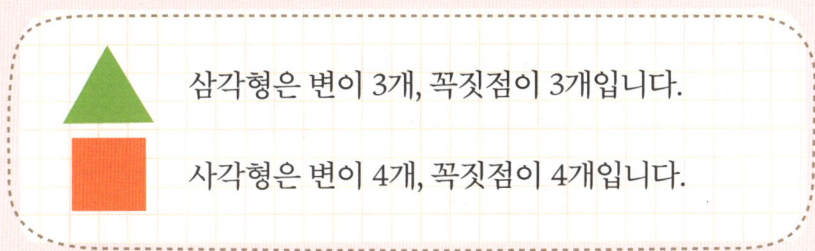

정답: 삼각형 ㄷ, ㅅ / 사각형 ㄱ, ㄴ, ㄹ, ㅂ

- 삼각형은 변이 3개, 꼭짓점이 3개입니다.
- 사각형은 변이 4개, 꼭짓점이 4개입니다.

 # 칠교판

칠교판이 7개의
조각이라는 것 알고 있었어?

물론이지.

칠교판에는 어떤 모양이
있는지도 알고 있니?

음…. 삼각형도 있고
사각형도 있구나!

 칠교판에 삼각형과 사각형이 각각 몇 개일까?

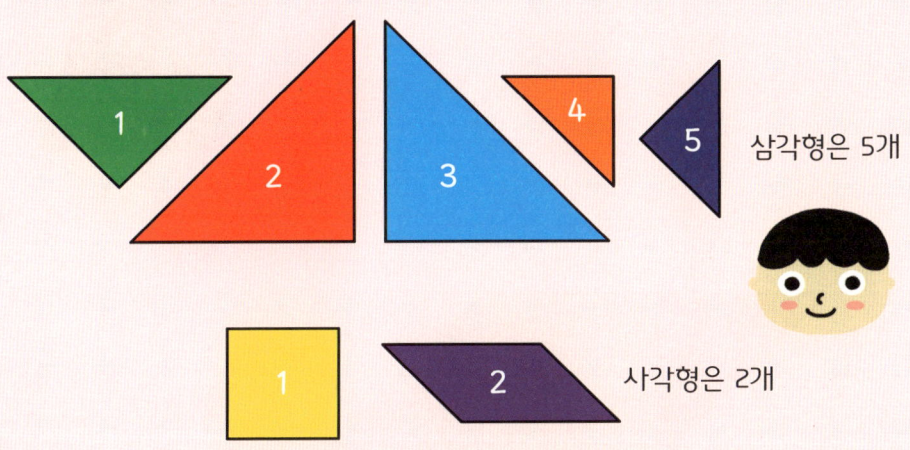

삼각형은 5개

사각형은 2개

두 조각을 모아서 삼각형이나 사각형을 만들 수 있어.

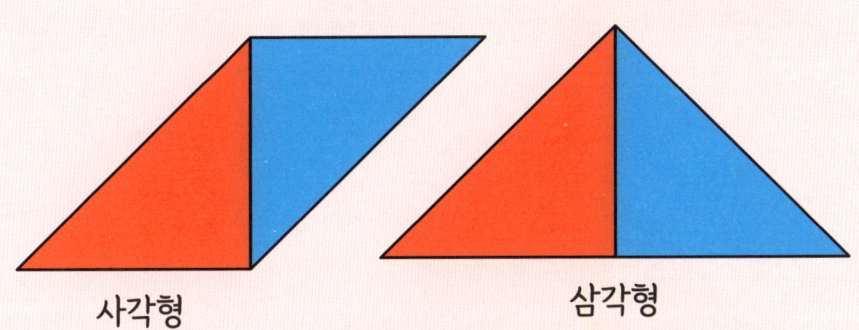

사각형　　　　　　　삼각형

 그럼 나는 3개의 조각을 모아서
삼각형과 사각형을 만들어 볼래.

칠교판으로 여러 가지 도형을 만들 때는
변이 서로 맞닿아야 한다는 것을 잊지 마.

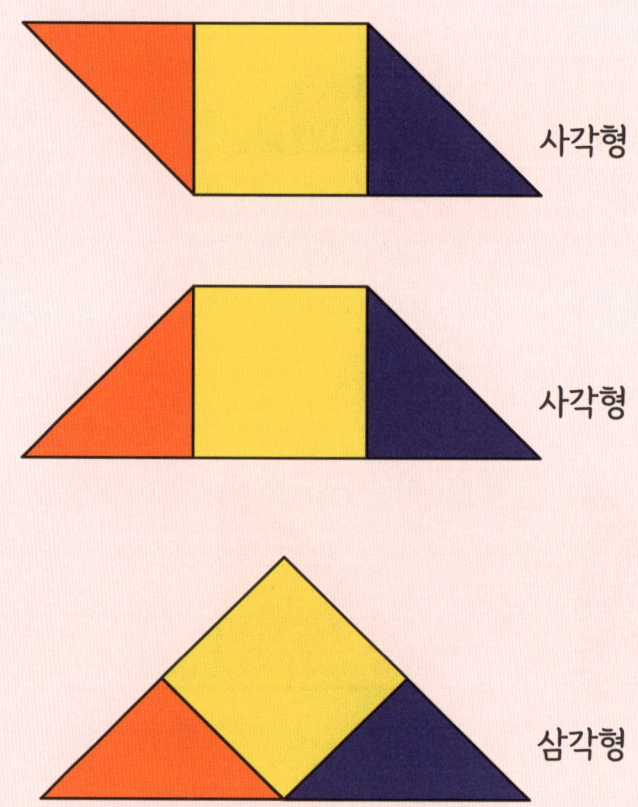

사각형

사각형

삼각형

 칠교판의 모든 조각을 사용해서 여러 가지 모양 만들기를 해 보는 것도 재미있을 거야.

로켓

헬리콥터

돌고래

하트

 칠교판은 일곱 조각으로 되어 있어요.

오각형, 육각형

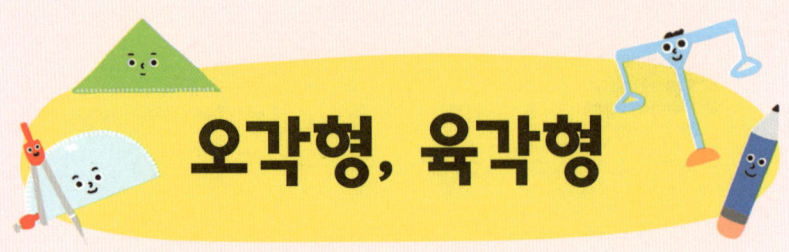

길에서 돌을 주웠는데
정말 멋진 보석 모양이야.

와, 신기하다!

이건 삼각형도 아니고
사각형도 아닌데….

수호야, 이 도형에도
이름이 있단다.

변의 수와 꼭짓점의 수를 세어 볼까?

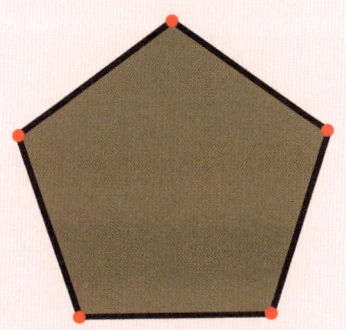

변은 5개, 꼭짓점도 5개야.

생각나는 이름이 있지 않니?

삼각형과 사각형이 변과 꼭짓점의 수에 따라 이름을 불렀으니까, 혹시 오각형?

맞아. 이런 모양을
오각형이라고 해.

변과 꼭짓점이
6개인 도형도 있니?

물론이지.

그럼 변이 6개, 꼭짓점이
6개인 것은 **육각형**이구나!

육각형은 책에서 본 적이 있어.
벌들이 이런 집을 짓잖아.

맞아, 맞아.

오각형은 꼭짓점이 5개, 변이 5개입니다.

육각형은 꼭짓점이 6개, 변이 6개입니다.

원

수호야, 뭐해?
재미있는 놀이 하니?

동그라미 모양 스티커로
숲속 꾸미기를 하고 있어.

원 모양 꾸미기를
하는구나!

원? 원이라고?

이런 모양을  원이라고 해.

원에는 뾰족한
부분이 하나도 없네.

맞아. 원은 곧은 선이 없고
모두 굽은 선으로 되어 있어.

이런 것도 원이야?

길쭉한 모양은
원이 아니야.

그럼 이건 길쭉하지도 않고
모두 굽은 선이니까 원이 맞겠지?

굽은 선이
연결돼 있지 않고 끊어져서
이것도 원이 아니야.

자동차 바퀴를 생각해 봐.
뾰족하거나 찌그러지면
바퀴가 굴러 갈 수 없겠지?

데굴데굴 잘 굴러 갈 수 있는
모양이라고 생각하니까
원이 뭔지 확실히 알 것 같아!

 굽은 선으로 이어진 도형을 원이라고 해요.

몇 시

손목시계를 선물받았는데
시계 보는 법을 잘 모르겠어.
나에게 알려 주겠니?

어디 한번 볼까?

시계에 바늘이 있지?

긴 바늘과 짧은 바늘.
바늘이 2개가 있네.

  둘 중에 짧은 바늘을
'시침'이라고 해.

 시간을 가리키는
바늘이라서 시침인가?

  맞아! 그리고 긴 바늘은
'분침'이라고 해.

 분을 읽을 때 보는
거라서 분침이구나!

시각을 읽는 방법은, 분침이 숫자 12를 가리킬 때 시침이 가리키는 숫자를 읽으면 돼.

긴 바늘이 12에 있고, 짧은 바늘은 2를 가리키니까 지금은 두 시구나! 정말 쉽다!

그럼 이건 몇 시를 가리키는 걸까?

바늘 2개가 함께 있는데??

천천히 생각해 봐.

긴 바늘이 12,
짧은 바늘이 12.
시침이 12에 있으니까
열두 시!

맞았어. 이젠
어렵지 않지?

그런데 이번엔
몇 시 몇 분을 읽는
방법도 궁금한걸?

시계에서 긴 바늘은 시침이고, 짧은 바늘은 분침이에요.

다음 장에 이어집니다!

30분

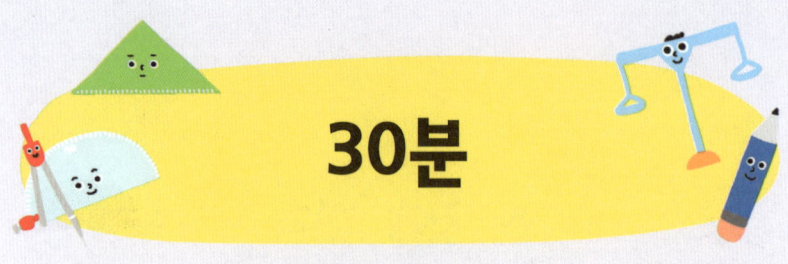

수호야, 분침을
12에서 6으로 움직여 보겠니?

분침을 돌렸는데
시침도 조금씩 움직이네.

시곗바늘이 각각
어디에 있는지 볼까?

분침은 6에 있는데
시침은 2와 3 사이에 있어.

이렇게 분침이 6에
있을 때가 30분이야.

30분이라는 건 알겠는데,
시침은 정확히 숫자를 가리키지
않아서 몇 시인지 잘 모르겠어.

2시를 시작으로 시침이 숫자 2를
출발해서 점점 움직였는데,
2시는 지났지만
3시는 되지 않았으니까
2시 30분이라고 읽으면 돼.

아직도 헷갈리는걸.

그럼 연습을 좀 더 해 보자.

이건 몇 시 몇 분일까?

분침이 6에 있으니까
일단 30분은 확실해!

시침은 6과 7 사이에 있는데
6시는 지났지만 7시는 되지 않아서
6시 30분이구나! 맞지?

잘했어!

나는 매일 오후 6시 30분에
저녁밥을 먹어. 수호 너는 뭘 하니?

6시 30분은 내가 동생하고
동화책을 읽는 시간이야!

 분침이 6을 가리킬 때가 30분이에요.

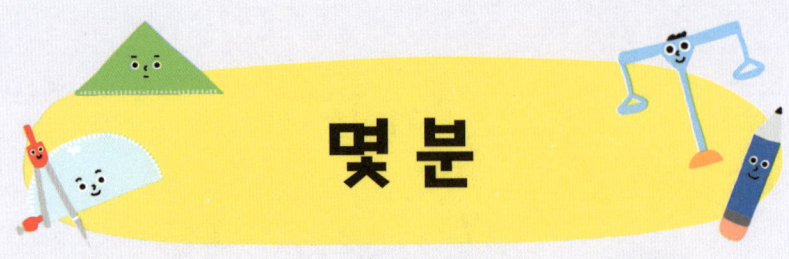

몇 분

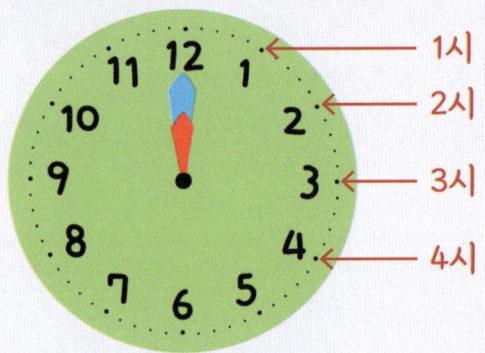

'몇 분'을 알아보기 위해 시계를 살펴보자.

시계에 쓰인 커다란 숫자는 '시'를 읽을 때 사용하는 거야.

그럼 '분'을 읽을 땐?

점 한 칸이 1분이니까 1은 5분, 2는 10분, 8은 40분이 되는 거지.

앞에서 본 것처럼 분침이 시계를 한 바퀴 움직이는 동안 시침도 조금씩 움직이기 때문에

시침이 두 수 사이에 놓여 있게 되는구나.

그럼 여기서 분침은 8이니까 40분이고,

3시는 지났지만 4시는 되지 않았으니까 3시 40분이구나!

그럼 1시간 동안 분침이
몇 칸을 움직이게 될까?

하나, 둘, 셋, 넷…육십!

아, 1시간은 60분이었구나!

분침이 시계를 한 바퀴 도는 동안
60칸을 움직인다는 것은
1시간이 60분이라는 말과 같아.

시계를 자세히 보니 1초, 2초, 3초…
초침이 한 바퀴를 돌 때 분침은 1칸씩 움직이는데….

그럼 1분은 몇 초일까?

한 바퀴에 초침이 60칸을 움직이니까 **1분은 60초**구나!

완벽해! 우리 수호 시계박사님 다 됐네!

1시간은 60분이고, 1분은 60초입니다.

시각 표현하기

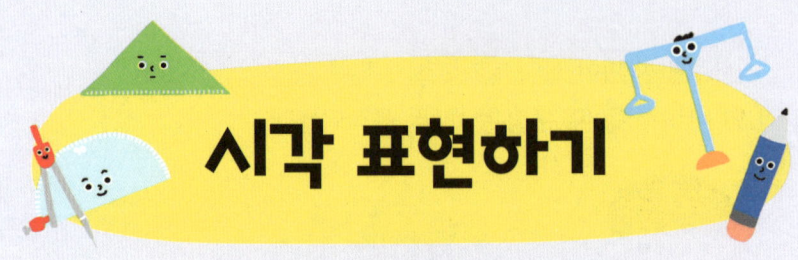

수호야, 한 시 반에 놀이터 앞에서 만나자!

이것 좀 봐 줄래? 1시에 놀이터에서 보자는 말인가?

1시 30분에 보자는 것 같은데?

그럼 1시 30분이라고 하면 되지 왜 반이라는 말을 쓴 거야?

1시간은 60분이잖아. 60분의 절반이라는 뜻으로 30분을 '반'이라고 표현하기도 해.

시각을 몇 시 몇 분이라고 정확히 말할 수도 있지만 다른 방법으로 말하기도 해.

또 어떤 방법이 있는데?

수호야, 이건 몇 시 몇 분이지?

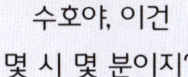

2시 50분이야.

2시 50분이 3시가 되려면
몇 분이 남았지?

10분이 지나면
3시가 되지.

3시가 되기 10분 전이라는 뜻으로 2시 50분을
'3시 10분 전'이라고 말하기도 해.

그럼 지금 시각은 1시 45분, 15분만 있으면 2시가 되니까

2시 15분 전이라고 하면 되는 거지?

앗! 1시 반에 만나자고 했는데 2시 15분 전이라니. 늦었잖아!!

어서 가 봐!

 2시 50분은 3시 10분 전이라고 말하기도 해요.

하루

수호야, 하루가 몇 시간으로
되어 있는지 알고 있니?

시침이 하루에 시계를
두 바퀴 도니까
12시간+12시간=24시간?

그럼 하루가 오전과 오후로
나뉘는 것도 알고 있니?

오전은 아침이고
오후는 밤?
사실 잘 모르겠어.
알려 주겠니?

수호 너의 하루 생활을
떠올리며 알아보자.

내 하루 생활
계획표를
가지고 왔어.

〈오후〉
오늘 낮 12시부터
오늘 밤 12시까지

〈오전〉
전날 밤 12시부터
오늘 낮 12시까지

그럼 나는 오전 7시에 일어나서
오후 9시에 잠을 자는구나.

그렇지!

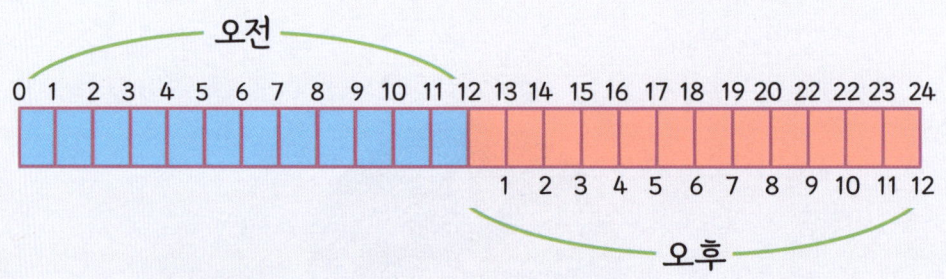

하루는 24시간이기 때문에
오전과 오후의 시간을 쭉 연결해서
0~24시로 읽기도 해.

오전은 0~12시까지로 읽은 후에
오후 1시부터 13시로 나타내는 거지.

그럼 시각 앞에 '오전', '오후'라는 말을
붙이지 않아도 헷갈리지 않겠다.

앗! 벌써 16시네.

오후 4시라는 말이지?
더 늦기 전에 어서 집에 가자!

전날 밤 12시부터 오늘 낮 12시까지를
오전이라고 하고, 오늘 낮 12시부터
오늘 밤 12시까지를 오후라고 해요.

달력

달력에 5월 12일
내 생일을 표시했어.
네 생일은 언제니?

내 생일은 수호
네 생일보다 2주 후야.

2주 후라고?
1주일은 7일이니까
내 생일보다
14일 후, 맞지?

일	월	화	수	목	금	토
					1	2
3	4	5	6	7	8	9
10	11	12	13	14	15	16
17	18	19	20	21	22	23
24	25	26	27	28	29	30
31						

맞아. 내 생일은
5월 26일이야.

1주일이 지나면
같은 요일이 되니까….

2주가 지나도 같은 요일이지,
우리 생일은 요일이 같아.

오늘이 5월 9일이지?
내 생일까지는 3일 남았어.

그럼 내 생일은 네 생일보다
14일 후니까, 3+14=17일 남았네.

우리 형 생일은 7월의
마지막 날이라는데
언제를 말하는 걸까?

7월 31일이지!

어떻게 그렇게
금세 알았어?

1월 31일을 시작으로 12월까지
31일과 30일이 번갈아 반복돼.
그중에 2월만 28일 또는 29일이 되고,
7월과 8월은 31일이란다.

월	1	2	3	4	5	6	7	8	9	10	11	12
일	31	28	31	30	31	30	31	31	30	31	30	31

*2월은 28일이지만, 4년에 한 번 29일이 됩니다.

1월의 31일부터 12월의 31일까지
1년의 날 수를 다 더해 보면

1년은 365일이
되는 거지!

 1년은 12개월입니다.
1년은 365일입니다.

쌓기나무

얘들아! 우리 쌓기나무 놀이 할래?

쌓기나무로 놀이를 하기 전에
먼저 방향을 약속해야 해.

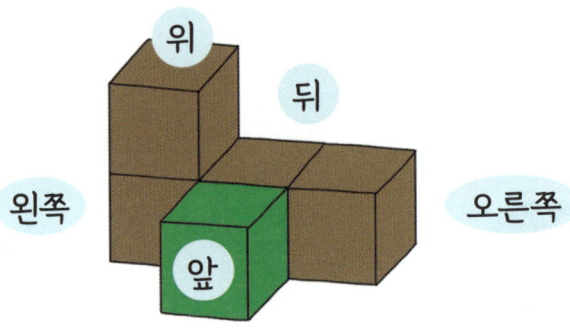

 시작해 볼까?

내가 말하는 쌓기나무를
찾아서 ◯ 표시를 해 봐.

초록색 쌓기나무의 **오른쪽**에 있는 쌓기나무는?

초록색 쌓기나무의 **앞**에 있는 쌓기나무는?

초록색 쌓기나무의 **위**에 있는 쌓기나무는?

 정답은 뒷장에 있어요.

이번엔 내 차례야. 내가 말하는 대로 쌓기나무를 놓아 봐.

재밌겠다!

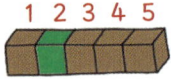 쌓기나무는 모두 5개를 사용하세요.

 2층으로 쌓을 거예요.

 1층 맨 왼쪽에 초록색 쌓기나무를 놓아요.

 초록색 쌓기나무의 오른쪽에 쌓기나무를 2개 더 놓아요.

 초록색 쌓기나무 위에 쌓기나무를 1개 놓아요.

 2층 맨 오른쪽에 쌓기나무를 1개 놓아요.

 정답은 옆 장에 있어요.

 내 문제의 정답을 공개할게.

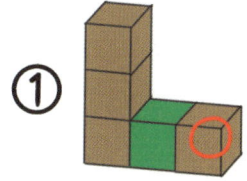  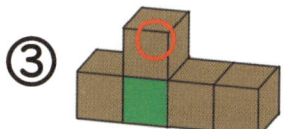

내 문제의 정답은 바로 이거야!

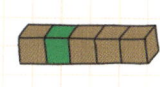 쌓기나무의 위치를 설명하는 말을 연습해 보세요.

규칙 찾기

대각선으로 파란색, 노란색, 빨간색 별이 반복되고 있네!

맞아! 대각선 규칙을 찾아내다니 대단하구나. 전부 다 내가 꾸민 거야.

규칙을 생각하면서 꾸민 거라고?

응. 나는 규칙 만들기를 좋아해. 우리 규칙 찾기 게임 해 볼래?

수호야, 달력에서 규칙을 찾아봐.

규칙을 3가지나 찾았어!

일	월	화	수	목	금	토
			1	2	3	4
5	6	7	8	9	10	11
12	13	14	15	16	17	18
19	20	21	22	23		25
26	27	28	29	30		

→ 1씩 커지는 규칙

↓ 7씩 커지는 규칙

회색 과 노란색 이 반복되는 규칙

그럼 이번엔 빈칸에 들어갈 색과 수를 찾아봐.

일	월	화	수	목	금	토
			1	2	3	4
5	6	7	8	9	10	11
12	13	14	15	16	17	18
19	20	21	22	23	24	25
26	27	28	29	30		

노란색 다음 칸이니까 회색이 되어야 하고, 17보다 7 크고 23보다 1 큰 수는 24. 맞지?

 이번엔 네 차례야. 내가 만든 규칙을 찾아서 빈칸을 채워 봐.

 쉽지 않겠는걸!

생각해 보니 매일 아침-점심-저녁이
반복되는 것처럼 우리 주변에서도
여러 가지 규칙을 찾아볼 수 있어.

봄-여름-가을-겨울
계절이 반복되는 것도 그렇고

벽돌담

한옥 문살

단청

빌딩 창문

 생활 속에서 규칙을 찾아보세요.

덧셈표에서 규칙 찾기

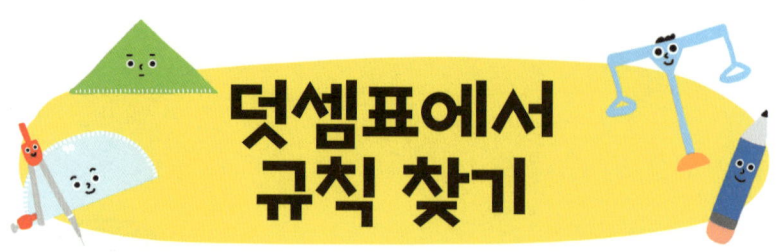

앗! 괜찮아?

괜찮아. 그런데 덧셈표가 망가져 버렸네.

덧셈표? 그게 뭐야?

두 수의 합을 표에 정리해 놓은 거야.

어려워 보이는데 망가진
부분을 다시 만들 수 있을까?

쉽지는 않겠지만, 규칙을
찾으면서 완성해 보자.

+	0	1	2	3	4	5	6	7	8	9
0	0	1	2	3	4	5	6	7	8	9
1	1	2	3	4	5	6	7	8	9	10
2	2	3	4	5	6	7	8	9	10	11
3	3	4	5	6	7	8	9	10	11	12
4	4	5	6	7	8		10			
5	5	6	7	8	9					
6	6	7	8	9	10	11				
7	7	8	9	10	11	12				
8	8	9	10	11	12	13	14			17
9	9	10	11	12	13	14	15	16	17	18

+	0	1	2	3	4	5	6	7	8	9
0	0	1	2	3	4	5	6	7	8	9
1	1	2	3	4	5	6	7	8	9	10
2	2	3	4	5	6	7	8	9	10	11

→으로 갈수록 1씩 커지는 규칙이 있어.

+	0	1	2	3
0	0	1	2	3
1	1	2	3	4
2	2	3	4	5
3	3	4	5	6
4	4	5	6	7
5	5	6	7	8
6	6	7	8	9
7	7	8	9	10
8	8	9	10	11
9	9	10	11	12

↓ 방향도 1씩 커지고 있어.

+	0	1	2	3	4
0	0	1	2	3	4
1	1	2	3	4	5
2	2	3	4	5	6
3	3	4	5	6	7
4	4	5	6	7	8

그럼 반대로 ← ↑ 쪽은 1씩 작아지겠다.

+	0	1	2	3	4	5	6
0	0	1	2	3	4	5	6
1	1	2	3	4	5	6	7
2	2	3	4	5	6	7	8
3	3	4	5	6	7	8	9
4	4	5	6	7	8	9	10
5	5	6	7	8	9		
6	6	7	8	9	10		

↙ 방향은 모두 같은 수가 나오네.

그럼 이제 보이지 않는 부분을 완성해 볼까?

규칙을 찾아서 해 보니까 하나도 어렵지 않아.

+	0	1	2	3	4	5	6	7	8	9
0	0	1	2	3	4	5	6	7	8	9
1	1	2	3	4	5	6	7	8	9	10
2	2	3	4	5	6	7	8	9	10	11
3	3	4	5	6	7	8	9	10	11	12
4	4	5	6	7	8	9	10	11	12	13
5	5	6	7	8	9	10	11	12	13	14
6	6	7	8	9	10	11	12	13	14	15
7	7	8	9	10	11	12	13	14	15	16
8	8	9	10	11	12	13	14	15	16	17
9	9	10	11	12	13	14	15	16	17	18

덧셈표에서 규칙을 찾아보세요.

곱셈표에서 규칙 찾기

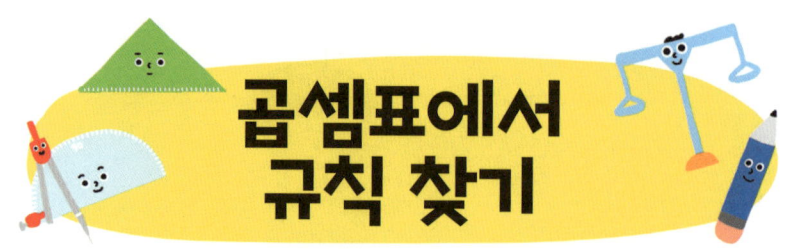

수호야, 이번엔 나와 함께 곱셈표를 살펴보자.

덧셈표보다 훨씬 복잡할 것 같은데….

곱셈표도 천천히 규칙을 찾아보면 어렵지 않을 거야.

곱셈구구를 외우면서 완성해 볼게.

곱셈표에서 어떤
규칙을 찾을 수 있을까?

첫 번째 줄은 1씩 커지고,
두 번째 줄은 2씩 커지고,
여덟 번째 줄은 8씩 커지고….

×	1	2	3	4	5	6	7	8	9
1	1	2	3	4	5	6	7	8	9
2	2	4	6	8	10	12	14	16	18
3	3	6	9	12	15	18	21	24	27
4	4	8	12	16	20	24	28	32	36
5	5	10	15	20	25	30	35	40	45
6	6	12	18	24	30	36	42	48	54
7	7	14	21	28	35	42	49	56	63
8	8	16	24	32	40	48	56	64	72
9	9	18	27	36	45	54	63	72	81

구구단 몇 단인지에 따라 커지는 수가 달라지는구나!

 2단, 4단, 8단은 모두 짝수로 이루어졌어.

 정말 그렇네!

x	1	2	3	4	5	6	7	8	9
1	1	2	3	4	5	6	7	8	9
2	2	4	6	8	10	12	14	16	18
3	3	6	9	12	15	18	21	24	27
4	4	8	12	16	20	24	28	32	36
5	5	10	15	20	25	30	35	40	45
6	6	12	18	24	30	36	42	48	54
7	7	14	21	28	35	42	49	56	63
8	8	16	24	32	40	48	56	64	72
9	9	18	27	36	45	54	63	72	81

 그럼 홀수만 있는 단도 있을까?

 음…. 그건 없는 것 같네.

9단은 일의 자리와 십의 자리를
더한 수가 모두 9가 된다!

x	1	2	3	4	5	6	7	8	9
1	1	2	3	4	5	6	7	8	9
2	2	4	6	8	10	12	14	16	18
3	3	6	9	12	15	18	21	24	27
4	4	8	12	16	20	24	28	32	36
5	5	10	15	20	25	30	35	40	45
6	6	12	18	24	30	36	42	48	54
7	7	14	21	28	35	42	49	56	63
8	8	16	24	32	40	48	56	64	72
9	9	18	27	36	45	54	63	72	81

수호, 대단해! 정말 어려운 규칙까지 찾아냈구나.

 곱셈표에서 규칙을 찾아보세요.

분류하기 1

그렇게 정리하면
물건을 찾기가 어렵잖아.
분류를 해서 넣으면 어때?

좋아. 그럼 멋진 물건은 이쪽에,
별로인 것은 이쪽에 담고….

이렇게 정리해도 왠지
찾기가 어려울 것 같아.

수호야, 명확한 분류 기준을
세워서 천천히 다시 해 보자.

 먼저 방 안에 무엇이 있는지 쭉 살펴본 뒤에 모두가 인정할 수 있는 분명한 분류 기준을 세워야 해.

모두가 인정하는 분명한 분류 기준?

멋진 것과 별로인 것으로 하면 사람마다 기준이 달라질 수 있잖아.

수호가 멋진 것

수호가 별로인 것

내가 멋진 것

내가 별로인 것

음…. 물건의 쓰임에 따라
정리하면 어떨까?

공부   만들기

놀기   옷

분명한 분류 기준을 세우니까
정리하기도 쉽고 찾는 것도 쉽구나.

'정리왕 수호'
라고 불러 줄게.

분류를 하기 위해 분명한 기준을
세워야 해요.

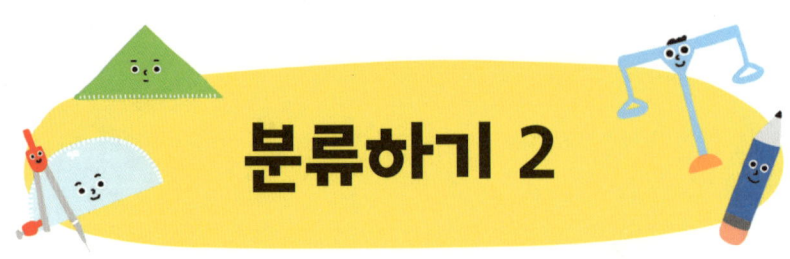

분류하기 2

수호야, 왜 울고 있어?

수학 시간에 쓸 모양 블록이
다 쏟아져 버렸어.

정리왕 수호! 걱정 마.
내가 도와줄게.

 먼저 어떤 종류의 블록이 있는지 살펴보자.

빨강, 노랑, 파랑 블록이 있어.

삼각형, 사각형, 원 모양이 있고,

크기가 큰 블록도 있고, 작은 블록도 있네.

그럼 어떤 기준으로
분류하면 좋을까?

색깔, 모양, 크기를 기준으로
분류할 수 있겠지?

여러 가지 기준에 따라 분류를 해 볼까?

분류 기준: 색깔

파랑 | 빨강 | 노랑

분류 기준: 모양

분류 기준: 크기

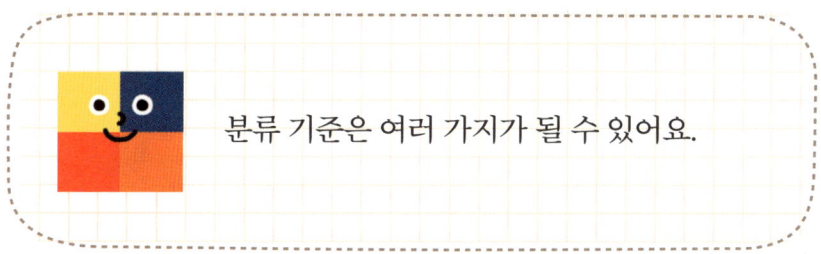

분류 기준은 여러 가지가 될 수 있어요.

표

재영:파랑 송이:빨강 준:초록 민우:빨강
수영:빨강 정호:파랑 채현:파랑 성호:노랑
소라:노랑 진하:초록 수연:노랑 재훈:빨강
시운:빨강 세주:빨강 규린:파랑   수진:파랑
유니:파랑   지나:빨강파랑 진호:파랑
    왕타오:파랑   윤성:노랑

친구들에게 선물을 하려고
좋아하는 색을 물어봤는데
알아보기가 너무 어려워.

분류해서 표로 정리하면
훨씬 알아보기 쉬울 거야.
내가 도와줄게!

 윗줄에는 주제를 적고

 주제는 친구들이 좋아하는 색!

색깔	빨강	파랑	노랑	초록	주황	

색깔	빨강	파랑	노랑	초록	주황	
친구	卌	卌	////	//		

 아랫줄에는 조사한 결과를 적으면 되지?

 4명까지는 빗금으로 표시, 5명이 되면 옆으로 선을 그어서 수를 알아보기 쉽게 해 보자!

색깔	빨강	파랑	노랑	초록	주황	
친구	卌	卌	|||	||	
수	6	9	4	2	0	

막대 표시를 세어서
숫자로 적어 주면

와! 정말 한눈에
알아보기 쉽네!

색깔	빨강	파랑	노랑	초록	주황	합계
친구	卌	卌	|||	||		
수	6	9	4	2	0	21

마지막 칸에는 합계를 적어 주면
확인하는 데 도움이 될 거야.

우리 반 친구들의 수는
모두 21명이었구나.

색깔	빨강	파랑	노랑	초록	주황	합계
친구	卌丨	卌卌	丨丨丨丨	丨丨		
수	6	9	4	2	0	21

친구들은 빨강, 파랑, 노랑, 초록을 좋아하지만 주황은 아무도 좋아하지 않아.

우리반 친구들이 가장 많이 좋아하는 색은 파랑이구나.

그럼 파랑을 가장 많이 사고, 주황은 사지 않아도 되겠네.

이제 선물 사러 가자!

 기준에 따라 분류하고, 그것을 표로 나타내면 한눈에 결과를 알아볼 수 있어요.